吉原 毅

世界の常識は日本の非常識
自然エネは儲かる!

講談社+α《プラスアルファ》新書

はじめに　日本の未来は、自然エネルギーにかかっている

世界は今、新たな大発展期を迎えています。電力の源が、従来の火力や原子力から、太陽光や風力など、自然エネルギーへと大転換するという非常に重大な時期を迎えているからです。これは第四の産業革命と言われるほど規模が大きく、人間社会のあり方を根本から変えてしまうものです。それに対応する形で、海外ではさまざまな新しい産業が、大成長を遂げつつあります。

こう言われても、ピンと来ない方が、多いのではないでしょうか。日本人の多くは、こうした世界の趨勢《すうせい》を知りません。しかし、自分たちのやり方を変えなければ、世界から取り残されるだけです。実際、自然エネルギーに関して、日本人の無知と鈍さは、非常に危険なところにまで来ていると思います。

一方、日本とは対照的に、自然エネルギーに機敏な対応を見せているのは、中国です。

2017年10月、北京で開かれた党大会で、習近平国家主席は、こう宣言しました。

「2050年までに自然エネルギーを、全電力の8割に拡大する。エネルギーの生産と消費

で革命を起こし、クリーンで安全な効率の高いエネルギーの体系を築く」

こうした国の後押しによって、自然エネルギーにおける中国企業の技術力は短期間に向上しました。コストも安くなり、世界市場でのシェアを拡大しています。

それにしても、日本は自然エネルギーに関し、なぜこれほど大きな後れを取っているのでしょう。それは日本には新たな発展を阻害する旧勢力、いわゆる原子力村があるからです。

原子力村は、政治家、官僚、電力会社の癒着によって成り立っています。癒着とは、いうまでもなく利権、つまりお金によるつながりです。

私の大学時代の恩師で、公共選択論を研究された故加藤寛先生も、常々「政治家、官僚、財界、マスコミが金によってつるみながら、世の中を動かし、とんでもないほうへ引っ張っていこうとしている」とおっしゃっていました。日本社会最大のがんは、巨大利権にあるということです。そういう持論に立ちながら、加藤先生は、利権構造にメスを入れるため、国鉄や電電公社の民営化に少なからぬ貢献をされました。

先生は2013年に亡くなりますが、その直前、私にこんなことをおっしゃいました。

「私は福島の原発事故で、自分がとんでもない利権構造を見落としていたことに気づいた。それは電力会社を中心とした原子力村だ。これを解体しなかったことが、悔やんでも悔やみきれない」

先生は、こうもおっしゃっていました。

「原子力発電所などというのは、恐竜のようなものだ。あんなものは、早晩滅びるに決まっている。一刻も早く、自然エネルギーに切り替えたほうが、日本は間違いなく発展するよ。吉原君、日本の将来のために、思う存分やってくれたまえ」

そして私は、先生の遺志を継ぐことを決意しました。

先生がお亡くなりになったのは、5年前です。その5年で、日本は世界の潮流から取り残されてしまいました。先生のおっしゃったように、もう少し早く日本もこの流れに乗っていればと、私は非常に残念な気がします。そうすれば、自然エネルギーという発展する一方の巨大市場で、日本が優位に立てていたにちがいないのです。しかし、今からでも決して遅くありません。自然エネルギーは、今でも成長中だからです。

また太陽光や風力など、自然エネルギーが素晴らしいのは、国や大資本ではなく、必ず地方が潤うところです。特に太陽光パネルは、設備が非常に簡単なため、家の屋根や田畑など、ほとんどどこにでも取りつけることができます。これは国民一人一人が、潤うということです。

福島の事故のように、原発は一度事故が起きると、地元の人が多大な犠牲を払うことになります。そう考えると、自然エネルギーがいかに素晴らしいか、おわかりいただけるのではないでしょうか。

これまでの原発批判は、道徳的、感情的なものが多かった気がします。しかし、そのような批判は、たとえ的を射たものだったとしても、限界があるのではないでしょうか。

私が本書で訴えたいのは、決して高尚な意見ではありません。それは、「自然エネルギーは儲かる」ということです。「儲かる」というのは、とても下世話な話です。しかし、人間の行動原理で、これほど強いものもないと思います。

しかも儲かるのは、大企業や国ではなく、国民一人一人です。私は、自然エネルギーへの転換にこそ、日本人の未来と幸福がかかっていると考えています。

なお、巻末に原発ゼロ・自然エネルギー推進連盟が作成した「原発ゼロ・自然エネルギー基本法案」と、その趣旨説明のために開催された記者会見の内容を掲載しております。あわせてお読みいただければ幸甚に存じます。

◉目次

第二章　拡大する世界の自然エネルギー

第三章　改革に取り組む海外の政府

第四章　金で劣化した人間たち

第五章　みんなが幸せになる方法

第一章　日本人はだまされている

原発再稼働ありきの権力者たち

２０１１年3月12日、東京電力福島第一原発の建屋が爆発した時、私は腰を抜かすほど驚きました。正直に言って、それまで私は、原発は安全だと信じて疑わなかったからです。原発は安全で、コストが安く、クリーンだ――。今までそう聞かされ、まったくその通りで、問題ないと思い込んでいたのです。

私には生活クラブの理事を務める姉がいて、彼女は以前から原発反対論者でした。そして、私と同様議論好きで、原発の是非について、二人で何度か長時間話し合ったことがあります。それでも、私の考えは変わりませんでした。

「そりゃあ、原爆が悪いのは当たり前だけど、原発はいいんじゃないの」

私はずっとこう思っていました。

しかし、あの日原発が爆発している映像をテレビで見て、自分の認識がどれほど誤っていたかを悟りました。その後、私は原発について、自らいろいろ調べるようになったのです。

その結果、原発は、これまでたくさん事故を起こしていることを知りました。同時に、事故が起きるたび、お金のからむ圧力がかかり、隠蔽《いんぺい》工作が行われていることも知りました。私が原発に対して呑気《のんき》でいたのも、そうした工作のためだと思います。要は、新聞やテレビなどの大メディアが伝えないため、原発の危険性を知らなかっただけなのです。

２００７年の中越沖地震の時、柏崎刈羽の原発は、建物が浮き上がっていました。建物が浮き上がると、冷却水のパイプは、簡単に折れてしまいます。そうなると、もう核燃料は冷やせないのです。そういうことを、私はまったく知りませんでした。

福島の原発事故が起き、国会は事故調査委員会を作って、黒川清さんを委員長に任命しました。黒川さんは、東大医学部を出られ、医療の世界で大変な業績を挙げられ、叙勲も受けておられるとてもえらい方です。

一般的に、福島の原発は、津波によって大きなダメージを受けたと考えられています。これは言い換えると、津波の1時間前の地震ではダメージを受けなかったということです。福島の原発は地震では大丈夫だったが、運悪く、その後津波に襲われたため、ダメージを受けた――。つまり、「原発は地震に強い」という考え方が、あの事故の背後に存在しているということです。

しかし、事故調の報告は、この考えを大きく揺るがすものでした。原発で放射能レベルが上がったのは、津波の前だったということを、明らかにしているからです。これは原発がすでに地震によって、大きなダメージを受けていたということです。

この報告書は、世界から高い評価を受けていますが、日本の国会は、耳をふさぎました。そんな不都合な報告は聞きたくないということで、与党も野党も団結して、黒川さんを委員長の座から引きずり降ろしたのです。

結局、日本の権力者は、与党も野党も原発を稼働させたいのです。福島の原発事故は重大だが、それは津波という稀《まれ》なものによって引き起こされたのだ――。こういう考え方であれば、何とか再稼働にこぎ着けられます。ところが、1時間前の地震で破壊されたのなら、そうはいかなくなります。日本は地震大国で、地震は全国でしょっちゅう起きるからです。

事故調の報告が都合が悪いのは、与野党の政治家だけではありません。経産省、電力会社、大企業、大銀行、マスコミ、そして原子力関係の学者などにも、非常に不都合でした。黒川さんは、そうした連中によってスケープゴートにされたのです。

だまされていたことを認めた小泉元総理

私はこのひどい状況に、何とか一石を投じたいと思いました。金融機関という企業に身を置くものとして、何とか正しい社会に戻したい。原発をめぐる異常な状況を変えたいと思ったのです。

正しい方向を金融機関として指し示し、それに対して資金を提供して、新しい時代を切り開いていく。私は、そうしようと心に決めました。

金融機関とは、単にお金を提供して、利息を稼ぐところではありません。お金を提供することで、新しい未来を作っていくところです。少なくとも私は、そのように自負しています。

新しい未来を作るためにご融資し、皆さんが喜んでくださる。その結果、お礼として利息をいただく。それが金融機関というものの、あるべき姿ではないでしょうか（今私の言ったことが、きれいごとに聞こえるとすれば、その人はお金儲けを目的とした資本主義に毒されているのだと私は思います）。

お客様が健全な未来を作るお手伝いをするのが、金融機関の仕事です。健全な未来はどこにあるか。それは原発を直ちにやめ、風力や太陽光の自然エネルギーを活用することです。

私は、それを私ども城南信用金庫の方針として打ち出し、自然エネルギーを促進するものなら、資金をどんどん融資することを多方面に訴えました。細川護煕《もりひろ》さんや小泉純一郎さんといった、総理の経験のある賛同者と一緒に、記者会見も開きました。

私は、少なくとも半数ぐらいのところが私たちに賛同し、協力してくれるだろうと思っていました。

しかし、大企業や銀行は、どこも反応してくれません。記者会見も、新聞やテレビはたくさん来てくれたのですが、ほとんど記事やニュースになりませんでした。記者に聞いたところによると、上から許可が下りなかったとのことです。これはもう、情報統制と言っていいと思います。

情報統制のようなことは、現代の日本にはないと皆さんは思っておられると思います。私もそうでした。しかし、現状は、思っている以上にひどい。私は、驚きました。

マスコミの上層部は、政権やお金をたくさんくれる電力会社に媚び、彼らに都合の悪いことは報道しないよう、部下に指示している。これが、現実です。

小泉純一郎さんは、総理を務めておられた頃はタカ派で、原発推進論者でした。しかし、今では原発推進論者だったことを、ひどく悔いておられます。小泉さんは、

「自分はだまされていた」

とはっきりおっしゃっています。

「だまされていたけど、それは私が悪い。私が総理の時、原発推進という間違った方針を出し続けた。その責任を取るために、何としても原発を止めないといけない。私は今76歳で、後期高齢者だけど、残りの人生を原発廃止に懸ける」

このように潔く明言される小泉さんを、私はとても立派に思います。あの方は一度思い込むと、そちらへ邁進《まいしん》する、一本気なところがおありです。

もちろん、私は政策に関し、小泉さんや細川さんと、何もかも一致しているわけではありません。時々、論争になることもあります。でも、原発を廃止するという点では皆一致し、それゆえ私たちは仲間です。

2018年1月、私たちは「原発を即刻廃止する」という法案を発表しました。少しして私たちのところへ、共産党委員長の志位和夫さんが、お越しになりました。

「共産党は、この法案に大賛成ですよ。これまで小泉さんには、一度も賛成したことはないけれども、今回は違います」

こう言って志位さんは、小泉さんとにこやかに話しておられました。

日本で使用済み核燃料の処理は不可能

原発に関する嘘に、「コストが安い」というのがあります。これは、途方もない大嘘です。

実際、福島の事故で、政府は賠償や廃炉などにかかる費用を21兆5000億円と見積もっています。21兆円というのは、とんでもない額です。しかし、日経新聞のシンクタンクである日本経済研究センターは、

「21兆円で済むわけがない。最低でもその2倍か3倍、50兆円から70兆円はかかる」

と言っています。

私は、それでもまだまだ足りないと思います。100兆円でも200兆円でも、問題は解決できません。なぜなら、今生きている人たちに補償しても、これから生まれてくる人のことは、考えていないからです。

原発による放射能の被害が起きると、その土地には、何千年も住めなくなります。それを考えると、数百兆円でも足りないのではないでしょうか。

事故だけでなく、使用済み核燃料の問題も、見過ごせません。

日本は火山列島であるため、多くの土地で地面を少し掘ると、温泉が湧きだします。また、日本列島は、地殻変動のため、今でも絶えず隆起しています。そんなところに使用済み核燃料を埋めても、いずれ放射能漏れを起こすに決まっています。

使用済み核燃料については、日本だけでなく、ほかの原発保有国も頭を悩ませています。例えば、ドイツでは、大きな岩塩層に穴を開け、試験的にそこに保管しました。岩塩層は、岩塩の結晶でできた地層です。そこに何キロにもわたるトンネルを掘り、使用済み核燃料をしまったのです。

ところが、工事のミスで、地下水が入ってきました。使用済み核燃料を入れたドラム缶が、塩水にプカプカと浮かんだのです。塩水につかると、ドラム缶はすぐに錆びてしまいます。結局この計画は、取りやめになってしまいました。

アメリカでは、ネバダ州の山中に、地下の貯蔵所を作りましたが、これも危ないということで、当時のオバマ大統領が計画を中止しました。

実行している数少ない例として、フィンランドのものがあります。そもそもフィンランドの国土は、岩盤でできています。そのフィンランドに、やはり岩でできた島があります。この岩盤をくりぬき、使用済み核燃料の貯蔵庫を作って、「オンカロ」と名付けました。「オンカロ」とは、フィンランド語で、「深い穴」という意味です。これは岩盤に2キロ四方にわたってトンネルを掘ったものですが、これほど大きなものでも、原発2基分の使用済み核燃料しか入りません。ですから、日本がいくらお金を積んで、ここに自分たちのも入れてくれと言ったところで、聞いてもらえるはずがありません。

「原発は環境にやさしい」は、とんでもないデタラメ

「原発はクリーンで、環境にやさしい」と言う人もいますが、これもとんでもないデタラメです。

原発一基から1年間で、広島型原爆1000発分の死の灰が出ます。日本には原発が60基(うち廃炉が22基、建設中が3基)ありますから、フル稼働すれば、莫大な死の灰が生まれます。

この死の灰が、使用済み核燃料です。これを今まで日本でどうしていたのかと言えば、六ヶ所村の再処理工場で、処理していました。

少し専門的になりますが、この処理の仕方を説明すると、核燃料はジルコニウムという金

属の筒に入っています。使用が終わると、これを何年間もずっと水で冷やします。冷えたら、ジルコニウムをはがし、中の固形物を裁断します。これを薬品で溶かし、ドロドロにして、そこからウランとプルトニウムを取り出します。ウランとプルトニウムは取っておき、残りは、ものすごく危険な高レベル放射性廃棄物になります。この過程で、放射能を持つ汚染物質が出ます。それを高い煙突で空に飛ばしたり、トンネルで海底に流したりしている。

つまり、六ヶ所村の再処理工場では、おそろしくローテクな作業を行っているのです。そして大変な公害をまき散らしているのです。

使用済み核燃料は、冷え切るまでは液体です。この高レベル放射性廃液は、２３５立方メーターも六ヶ所村にあります。それだけではありません。関東の茨城県東海村にも、４２０立方メーターの高レベル放射性廃液があります。これが爆発し、そのうちの1立方メーターが飛び散ると、２つか3つの県が住めなくなるぐらい、すさまじい猛毒なのです。こういうものを、ずっと冷やし続けなければならないのです。

なぜ冷やし続けなければならないか。それは、高レベル放射性廃液は、放射能という特殊な性質を持つため、冷やし続けないと、24時間で沸騰します。さらに、もう24時間経つと、水素爆発を起こしてしまうのです。

冷やすためには、電気ポンプでずっと水を送り続けなければならない。停電すると、たちまち放射性物質は熱を持ちはじめ、爆発へのカウントダウンがはじまります。考えるだけで、ゾッとします。

実際、六ヶ所村では、2016年だけでも4回も停電が起きています。本当に、恐ろしいことです。そんな所に、人が住みたいと思うはずがないのです。政府は、六ヶ所村にたくさんお金を渡していますが、少しも住民が増えないのは、当然です。

原発も怖いですが、それに劣らず再処理工場も怖いのです。私は、「原発はクリーンで環境にやさしい」などと言う人の主張は、まったく理解できません。原子力発電は、史上最悪の公害型産業だと私は思います。

読売新聞さえも、自然エネルギーを推奨しはじめた

「原発はクリーンで、環境にやさしい」と言う人の根拠に、原子力発電はCO2（二酸化炭素）を出さないというものがあります。確かに原子力発電は、化石燃料を燃やす火力発電と違い、CO2を出しません。そのため、地球温暖化防止につながると主張します。

地球温暖化とは、熱を外に逃がさないガスが地球を取り巻き、それが増加することです。金星がものすごく熱いのは、CO2が金星を取り巻いているからです。逆に、火星がものすごく寒いのは、取り巻く気体がほとんどないからです。

一般的に、地球を取り巻く温暖化ガスはCO2だと思われていますが、それは金星がそうだからというにすぎません。事実、地球温暖化ガスの90パーセント以上は水蒸気です。CO2は、ごく一部なのです。そしてCO2が、地球温暖化に大きな影響があるかどうかは、現在学者の間でも議論のあるところなのです。

にもかかわらず、原発推進派は、原子力発電はCO2を出さないので、環境にやさしいと言い続けています。実際、裁判になると、電力会社は必ずこの論理を使います。

また、経産省も、エネルギー基本計画などで、「地球温暖化は大きな問題だから、これからはCO2フリーのエネルギーとして、自然エネルギーに力を入れる。その一方で、原子力エネルギーも大事だ」というようなことをまだ言っています。

CO2を理由にすると、非常に主張が通りやすい。みんなが地球温暖化を気にしているからです。だからといって、原発がいいということにはならないと私は思います。

もとより自然エネルギーは、CO2を出しません。原子力エネルギーとウェイトを半々にするのではなく、自然エネルギーをメインにすればいいのです。それで済む話ではありませんか。

読売新聞が、2018年5月5日の特別面で、「これから日本も自然エネルギーでやっていくべきだ」と書きました。それを読み、私は仰天しました。読売新聞は、大の原発推進派だったからです。以前は、自然エネルギーなど、もっての外《ほか》という論調でした。これは、大転換と言っていいと思います。ただ、経産省のように、「でも、原発も大事だ」と言うかもしれません。そこは、油断は禁物だと思います。

世界は自然エネルギーで大儲けを始めている

原発は安全でもなければ、コストも安くない。環境にも悪い。こんなものは、廃絶するしかないと私は思います。実際、どんどんすたれ、なくなる運命にあるにちがいありません。力んで「原発反対」を訴えなくても、世界は急速に自然エネルギーを推し進めています。なぜなら、自然エネルギーは儲かるからです。

世界が自然エネルギーのほうへ大きく向かい始めたのは、福島の事故がきっかけです。あれで世界の人々は、「原発はもうダメだ」とはっきり悟りました。危険であることはもちろん、コストが合わないと思ったのです。

福島の事故の前から、世界の人々は「原発はもう時代に合わない」と感じていました。

2006年、ウェスチングハウスというアメリカの原子力関連企業が原発部門を、6200億円で東芝に売却しました。当初は、三菱重工が2000億円で買うはずでしたが、経産省が「これから原発は儲かる」と東芝に勧めたところ、値が3倍にもなったのです。売った側はボロ儲けです。彼らは、原発はコストが合わないことを、認識していたにちがいありません。儲かるなら、売り渡すはずがないのです。

ゼネラル・エレクトリック（アメリカに本社を置く、多国籍コングロマリット大企業）の社長（当時）、ジェフリー・イメルト氏はこう言っています。

「アメリカの企業は、今や原発にはまったく興味がない。これからは太陽光など、自然エネルギーの時代だ。わが社は、そこにウェイトを置いて、ビジネスを行っていく」

その結果、ゼネラル・エレクトリックは、大繁盛しています。

シーメンス（ドイツのミュンヘンに本社を置く多国籍大企業）もそうです。そのほか、フィンランドやデンマークの北欧の企業も、自然エネルギーで大きな利益を上げています。

そして、一番儲かっているのは、中国の企業です。世界の自然エネルギー関連企業トップテンのうち、5社ぐらいは、中国の企業です。中国は、自然エネルギーが儲かることを実感しています。ですから、習政権の下、すべてのエネルギーのうち、80パーセントを自然エネルギーでやっていくという、壮大な計画を立てています。中国は国を挙げて、自然エネルギーへの大転換を図っているのです。

世界から大批判を受けた日本

そういう状況に対し、日本は後れを取る一方です。日本の大企業もあわてています。自然エネルギーを扱う企業だけでなく、世界には今、RE100（リニューアブル・エナジー100パーセント）、つまり、自然エネルギーのみで経営を行うという宣言をしている企業が、マイクロソフトやアップルなどの超有名企業をはじめ、140社ぐらいあります。これからは環境に配慮した自然エネルギーしか使いたくないというのが、世界の共通認識になりつつあるのです。

ゴールドマン・サックスやシティバンク、シティグループなどの大金融資本も、自然エネルギーの関連会社に、数十兆円規模の莫大な投資をしようとしています。今や自然エネルギーが世界で一番の発展産業と言っても過言ではないと思います。

自然エネルギーに鈍感な日本に対し、最近世界は脅すような傾向さえ見られます。世界銀行は、原発と石炭による火力発電には、もうお金は貸さないと明言しています。これは日本の電力会社が、国際金融市場から疎外されることにほかなりません。

２０１７年11月、ＣＯＰ23（国連気候変動フィジー会議）という、地球温暖化の対策を考える国際会議が開催されました。それに富士通など、日本の大企業が参加したのですが、他国から大批判を受けました。

「日本はまったく自然エネルギーに力を入れていない」

と言うのです。それを受け、日本企業は、言い訳に終始しました。

「自分たちは、自然エネルギーを利用したいと思っている。それを経産省や電力会社がずっと邪魔してきたため、利用したくてもできなかったのだ」

この会議で海外から問い詰められたことが、日本のメディアに影響したようです。ずっと原発推進派だった日経新聞や読売新聞が論調を変え、これからは自然エネルギーを利用するべきと言い始めました。

自然エネルギーを推し進めないと、日本経済は世界から孤立し、沈没してしまう。多くの財界人やマスコミ人は、そう思い始めているのだと思います。

第二章　拡大する世界の自然エネルギー

福島の事故が、世界の流れを変えた

吉原毅　この章では、海外で自然エネルギーがどれほど急速に伸びているかについて、原発問題や自然エネルギーに詳しい、環境学者の飯田哲也《てつなり》さんにお話を伺う形で進めていきたいと思います。自然エネルギーの利用は、世界で急速に発展しています。日本人はそのことを、ほとんど知りません。そして、政治家や官僚、電力会社は、相変わらず原発に固執しています。これはどう考えても、異常だと思います。

飯田哲也　自然エネルギーは、皆さんが思う以上に、猛烈な勢いで伸びています。倍々ゲームと言っていいほどの増加率です。太陽光は2017年、世界の原発の設備容量を追い越しました。風力は2015年のうちに追い越しています。

吉原　世界では、原子力エネルギーより自然エネルギーのほうが多いということですね。日本では、太陽光発電や風力発電はまだまだマイナーなイメージで、電力量もほんのわずかだろうと思われていますが、実際はそんなことは、まったくない。今や世界では、自然エネルギーが主流になりつつあります。そういうことを新聞やテレビなどの大メディアは、ほとんど伝えません。利権による一種の情報統制によって、日本は自然エネルギーに関し、鎖国状態にあると思います。

飯田　まったく同感です。今吉原さんが言われたことを、データに基づき、解説していきたいと思います。電力を表す単位に、ギガワットというのがあります。1ギガワットは、100万キロワットに当たります。原発1基の発電出力が約1ギガワットです。2017年末現在、世界で原発の発電している電力が、409ギガワット。太陽光が400ギガワット、風力が540ギガワットほどです。風力に若干波がありますが、どちらも総じて伸びている。原発は増えたり減ったりですが、事実上横ばいから減り始めている。福島の原発事故は、こういう大変化の真っただ中に起きたということです。

吉原　福島の事故以前に、自然エネルギーに向かう世界の潮流は、もうできあがっていたのですね。そこへあの事故が起こり、拍車をかける形になった。

10年で10倍になった風力発電のシェア

飯田　この変化の速さに、古いエネルギー専門家は、容易にはついてこられません。IEA

（国際エネルギー機関）という国際機関があります。これは非常に保守的な機関で、日本からは経産省の役人が出向していることからもわかるように、お役所的な組織です。でも、そのＩＥＡですら、これからの主力は、自然エネルギーだと言いはじめました。

吉原　いつの世も、役人というものは、なかなか動かない。役人は、いわば最後の砦です。それが今、崩れ始めているのですね。

飯田　そういうことです。自然エネルギーの歴史を振り返ると、風力発電は米国カリフォルニア州とデンマークで１９８０年に普及が始まりました。ですから、この年はまだ世界の電力供給の中で風力発電のシェアはゼロです。１９８８年までに両国合わせて０・０１パーセントになり、１９９８年には、０・１パーセントになりました。ちなみにこの年は、ドイツがアメリカを抜き、世界最大の風力大国になった年です。そして、中国など世界中で風力が本格的に普及し始めた２００８年は1パーセントです。少しずつしか増えていないようですが、10年ごとに10倍になっています。この増え方から見ると、２０１８年には10パーセントという計算になります。２０１５年の最新の統計では、５パーセントですので、おそらくそれに近い割合になると思われます。

吉原　すごい増加率ですね。その計算でいくと、10年後の２０２８年には、１００パーセン

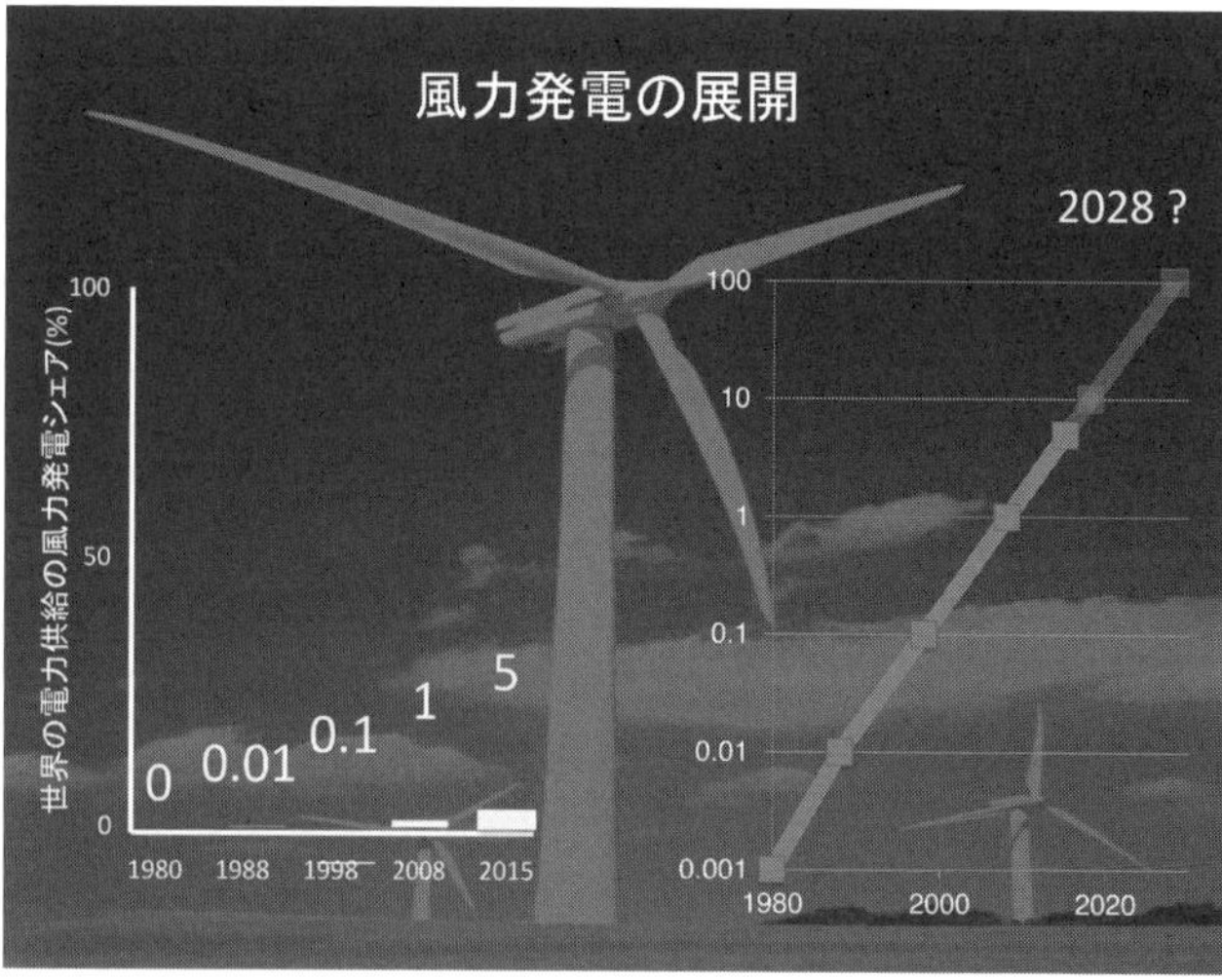

ト。つまり、電力はすべて風力になってしまいます（笑）。もちろん、これはジョークですが、それぐらい、伸びに勢いがあるのですね。

飯田　一方、太陽光の普及が始まったのは、風力に比べて遅く、１９９５年です。これは日本から始まりました。しかし、遅く始まった代わりに、伸びが非常に早い。その年を０とすると、７年後の２００２年には０・０１パーセント、２００８年には０・１パーセント、２０１５年には１パーセント。こちらは、６〜７年で10倍ずつ増えています。このペースだと、10年後の２０２８年には太陽光発電だけで世界の電力を１００パーセントまかなえる勢いです。10年後には、太陽光が石

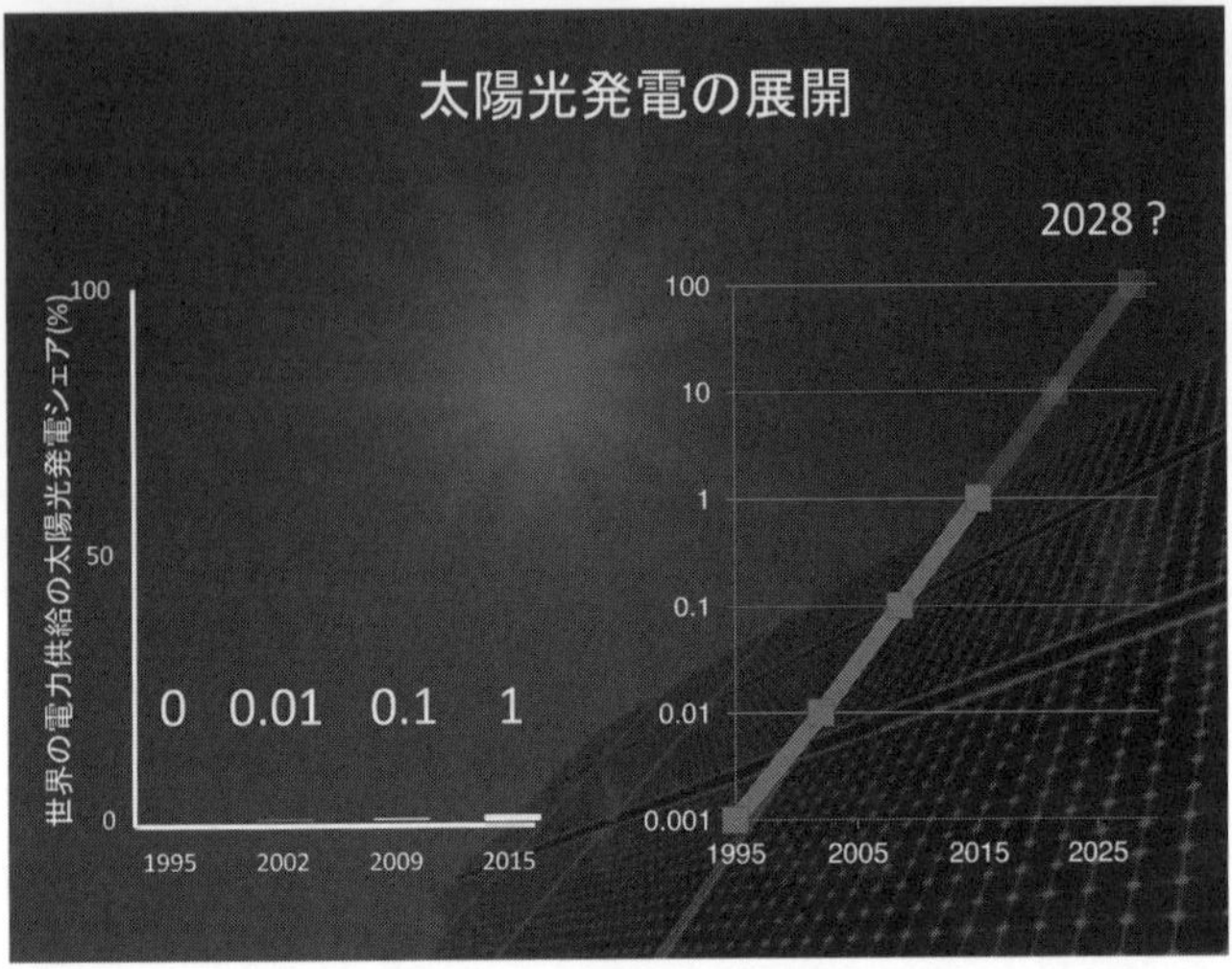

油を超え、最大のエネルギー供給源になるのではないかという予測をしている、セス・ミラーという教授もいます。とにかく、これから10年ほどで、エネルギーの大革命が起きることは、間違いないと思います。

吉原　それほど太陽光エネルギーが拡大しているのは、値段が安いということですよね。

飯田　そうです。価格が安いからこそ、一次エネルギー（自然界に存在するエネルギー）の利用が、石油から太陽光にどんどん置き換えられているのです。価格破壊は世界的な規模で起きています。私たちが家庭で電気を使い、支払う電気料金は1キロワット時あたり26円ほどですが、インドの太陽光発電は今や4円台です。インドは石炭火力よりも、自国

10年後には太陽光が石油を超える？

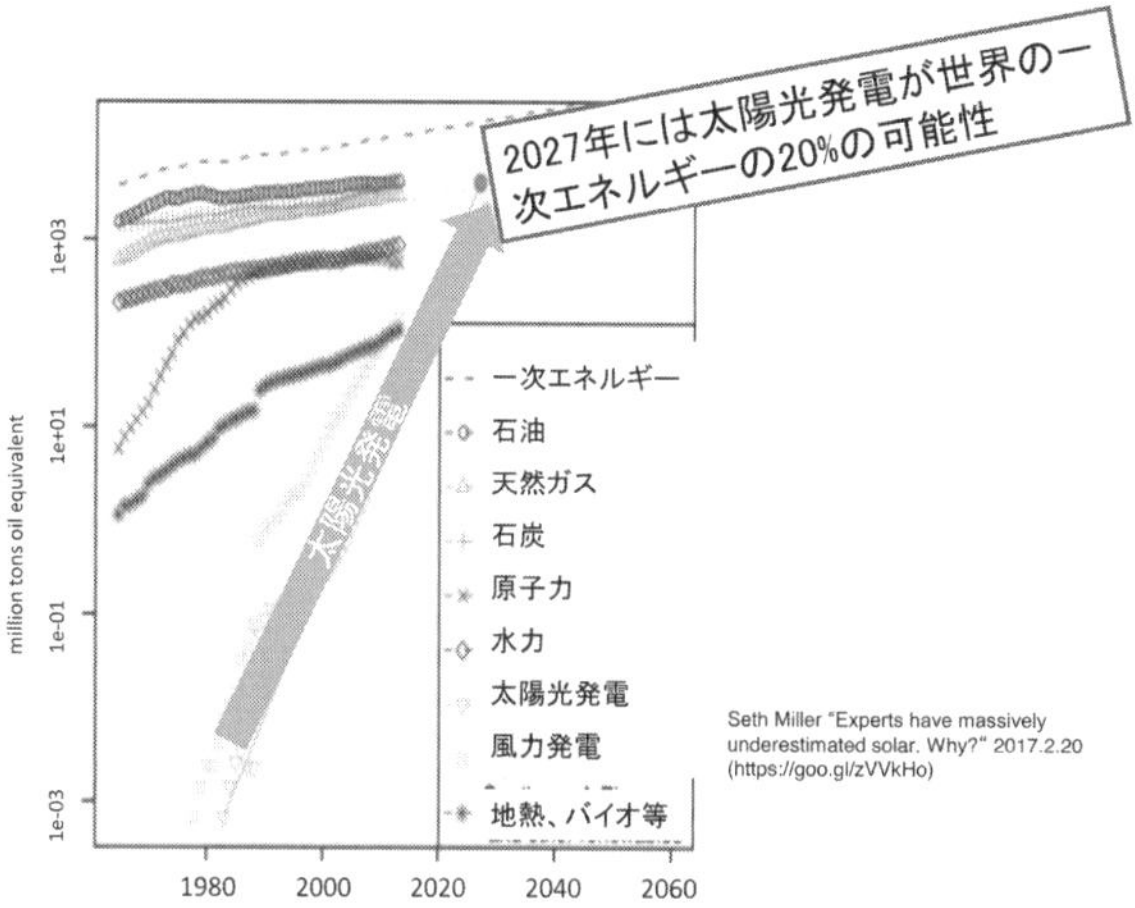

Seth Miller "Experts have massively underestimated solar. Why?" 2017.2.20 (https://goo.gl/zVVkHo)

で太陽光を利用するほうが安いということで、それを推し進めているからです。日本はインドにクリーンコールテクノロジー（環境低負荷型の石炭利用技術）の火力発電を一生懸命売ろうとしていますが、うまくいっていません。メキシコは３・９円、チリは３・２円、ドバイでは２・７円、そしてサウジアラビアでは１・９７円と２円を切っています。ソフトバンクの孫正義さんはサウジアラビアに21兆円を投じて、２００ギガワットの太陽光発電の設備を作るそうです。

なぜ自然エネルギーは儲かるのか

吉原 ここまでの飯田さんの解説で、世界で

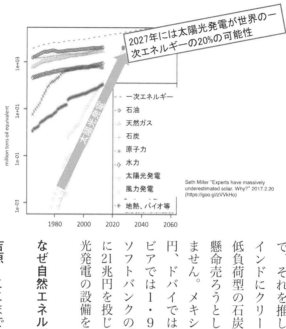

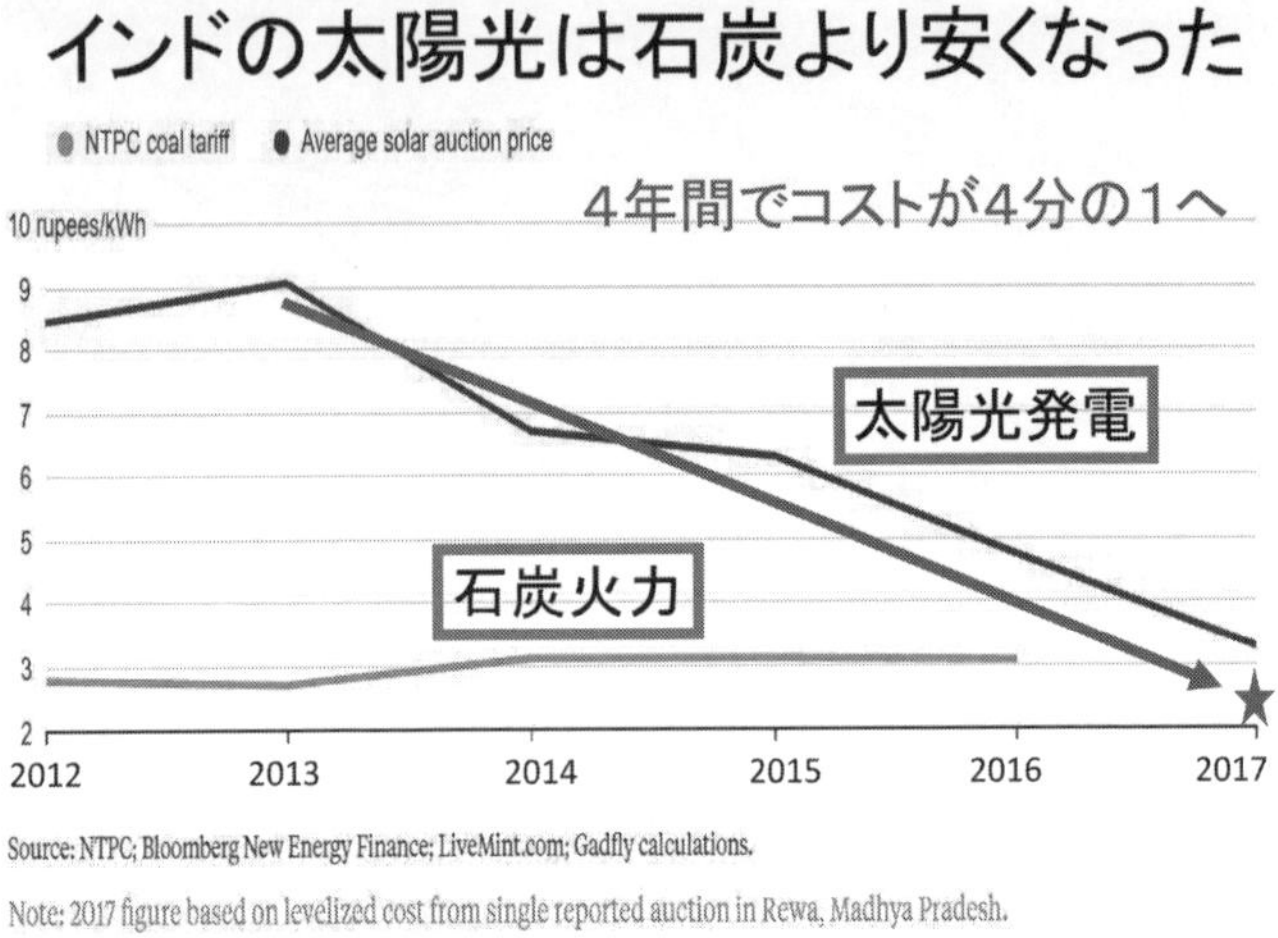

Source: NTPC; Bloomberg New Energy Finance; LiveMint.com; Gadfly calculations.
Note: 2017 figure based on levelized cost from single reported auction in Rewa, Madhya Pradesh.

は、自然エネルギーのほうへ不可逆的な変化が起きていることが、おわかりいただけたかと思います。これはエネルギー革命と言っていい。この変革の根底には、言うまでもなく経済があります。人間は、利に聡《さと》い。ほかのエネルギーより自然エネルギーは儲かるということです。エネルギー革命は、人類史を画するような大きな変化です。そのため、産業構造も大きく変わってしまう。それにより、さまざまな形で、新たなビジネスチャンスも生まれますね。

飯田　現在、世界のエネルギー投資の6割ぐらいは、自然エネルギー、特に風力と太陽光に向けられたものです。それほど大きな割合を占めるようになった理由は簡単で、吉原さんがおっしゃるように、儲かるからです。一方、原発や化石燃料は、投資リスクが大きすぎる。焦げつくことが、よくあるということです。今、市場が急速に自然エネルギーに向かっているので、投資しても長期的な回収の見通しが立たず、不良債権になってしまうのです。また、社会的なプレッシャーも関係しています。原発や化石燃料など環境に悪いものに投資をしたら、資金を引き揚げるぞと、事業家や投資家から金融機関にプレッシャーがかけられる。そういう流れは、もはや避けられません。

吉原　原発は、世界という視点から見ると、本当に忌み嫌われている。その感覚が、今一つ、日本人はわかっていない。福島の事故は、日本で起きたのに、これは実に不思議なことです。海外の人々は、あの事故に震撼したのはもちろん、それを強烈なトラウマにしています。日本の大メディアが原発利権に支配されていることもあるでしょうし、そもそも日本人が忘れっぽいこともあるでしょうが、原発のリスクをいくら訴えても、なかなか伝わらない。それより、自然エネルギーが儲かることを言うほうが、はるかに通じると思いますね。

飯田　自然エネルギーに投資すると、事業家や投資家だけでなく、地域経済、ひいては国民経済が潤います。自然エネルギーで電気が得られれば、その分、石油など、海外からの輸入を減らせるからです。海外からエネルギーを輸入している国の場合、それの占める割合は、だいたいどの国も、ＧＤＰ（国内総生産）の５パーセントぐらいです。それがゼロに近くなれば、損失が減り、社会的に大きなプラスになります。

エネルギー革命の主役は電気自動車

吉原　自然エネルギーへの転換は、具体的には、どのように表れるとお考えですか。

飯田　わかりやすいところでは、自動車だと思います。自動車は、これからはガソリンなどの化石燃料で走るのではなく、電気自動車が主流になるでしょう。電気自動車にはバッテリーが必要ですが、これが2010年から2016年までの間に、価格が4分の1ぐらいまで下がってきている。日産が出した、新型のリーフだと、さらにその半額です。中国は今、どこよりも自然エネルギーに転換しようとしていますが、北京のモーターショーに行くと、展示しているのは、すべて電気自動車です。また、アメリカの大手電気自動車メーカー、テスラも、2018年5月に中国で自動車とバッテリーの工場建設計画が前進していることを明らかにしています。一方、中国政府は4月に外資系自動車メーカーに対する出資規制を段階的に撤廃すると発表しています。中国は、テスラを受け入れることで、したたかに自然エネルギーへの転換を図ろうとしているのです。

バッテリーは過去5年でコスト1/4

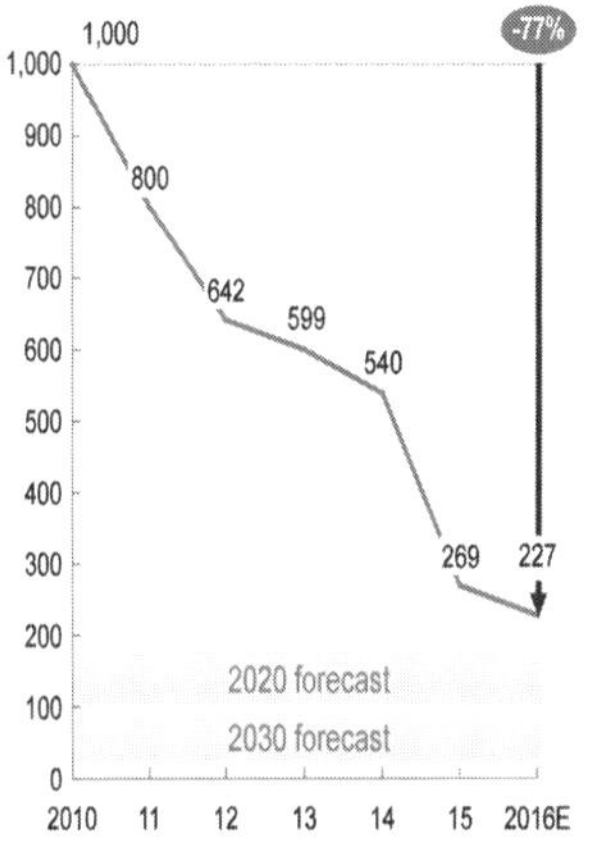

電気自動車は過去6年で100倍増

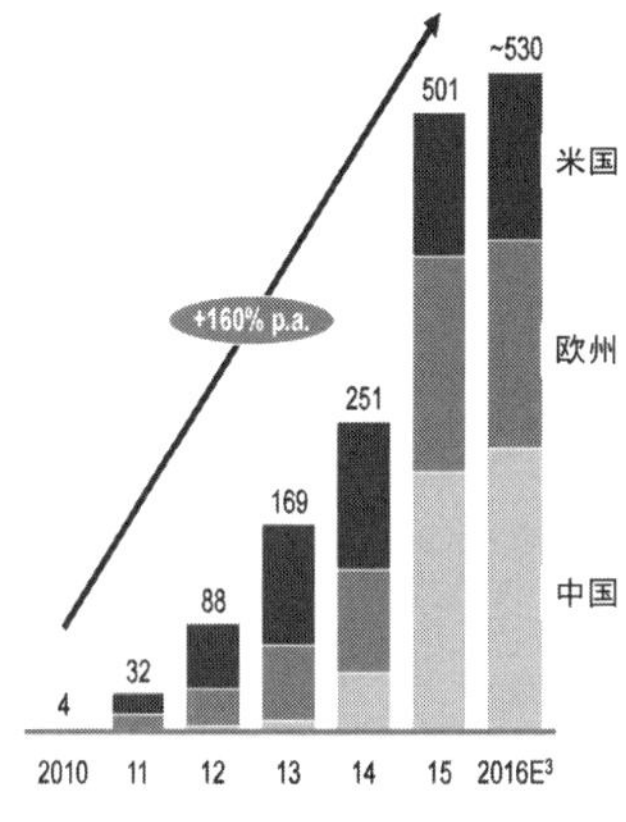

吉原　これは家電製品など、あらゆる技術に言えることですが、売れれば売れるほど、性能が上がってコストが下がる。新しい技術が商品として普及する際、必ずそうなりますよね。電気自動車も、これからはどんどん普及していくと考えていいでしょうか。

飯田　ええ、間違いないと思います。実際ヨーロッパでは、政策として、30〜40年後には、もう化石燃料車を売らないという国が多い。また、そうするまでもなく、今から8年ほどで、もう誰も化石燃料車を買わなくなるだろうという予測を出している学者もいます。

もう電力会社に電気代を払わなくていい

吉原　大きな技術革新が起きると、どうしても抵抗勢力による反発が生じます。今回も、さまざまな反発が起きることが予想されますね。

飯田　エネルギーの新時代が到来すると、困るのは既得権益を持つ人たちです。原油、天然ガス、褐炭などで大きな利益を得ている人たちにとって、自然エネルギーの急成長は、脅威にほかなりません。とりわけ、強い脅威を与えているのは、原油です。原油は、第一次石油ショック、第二次石油ショック、リーマン・ショックと、独占市場の中で価格が大きく揺れ動いてきたのですが、そこに空から隕石が落ちてくるように太陽光発電のコストが低下し、ついに化石燃料の価格を下回り始めたのです。この価格破壊は、今後ますます進んでいくものと思われます。太陽光と風力が普及し、それに加えて電気自動車のバッテリーも安くなってきています。この三つが、エネルギー革命の主役になることは、間違いありません。

吉原　太陽光パネルはどうでしょう。パネルを屋根に取りつけている家は、よく見かけますが、あれがもっと普及すれば、自然エネルギーの拡大に拍車がかけられると思うのですが。

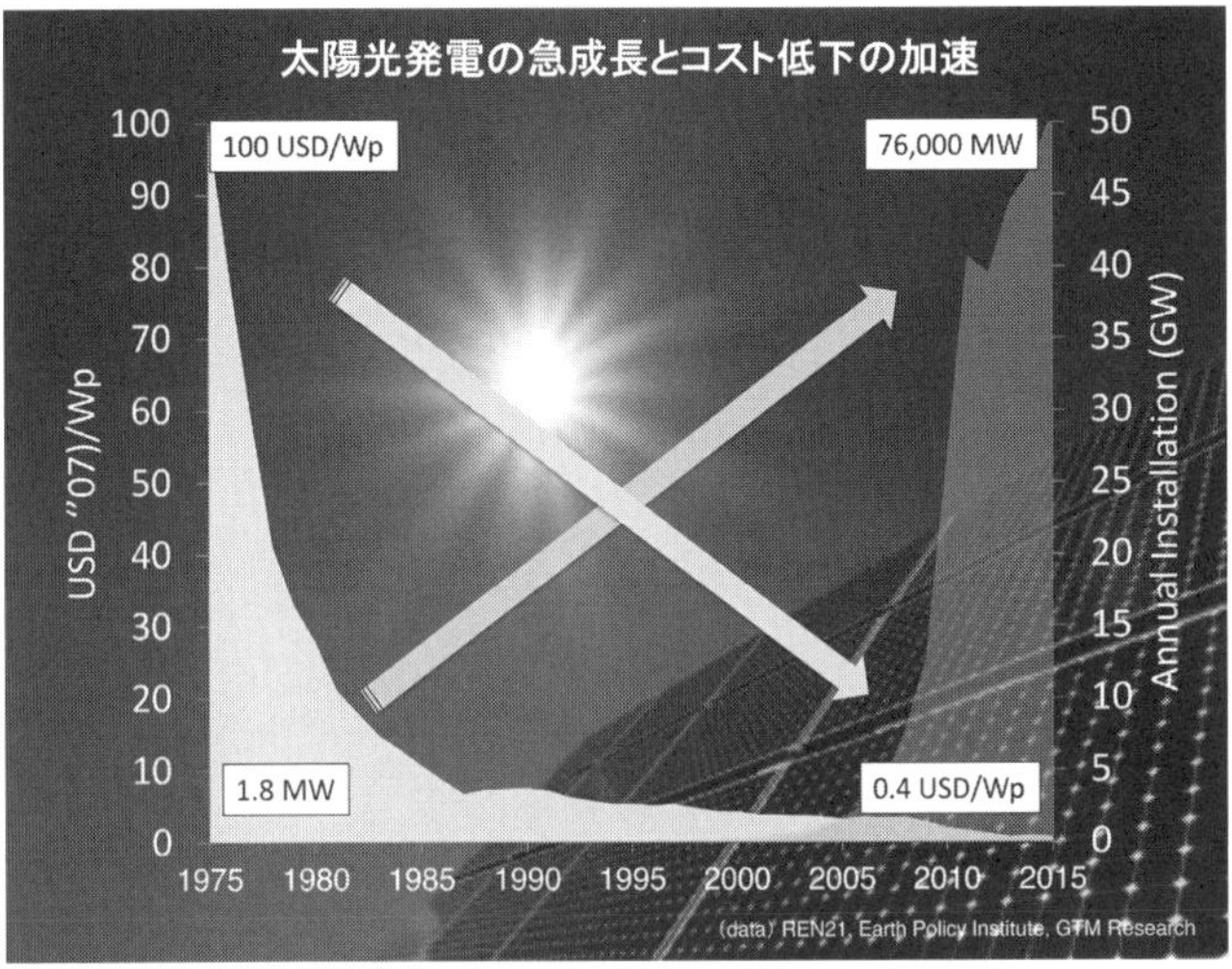

飯田　屋根に載せた太陽光パネルから電気を供給するコストが、電力会社の送電線から買うよりも安くなるタイミングを「グリッドパリティ」と言います。グリッドとは送電網で、パリティとは同じ値段という意味です。

吉原　私たちは毎月電気料金を払っていますが、これは電力会社から電気を買っているということです。あまりに当たり前で、私たちの感覚も麻痺していますが、これが当たり前ではなくなるということですね。

飯田　「グリッドパリティ」では、昼間の余った電気を電力会社に引き取ってもらう必要がありますが、それを超えてバッテリーと太陽光発電のコストが電気料金と同等になるタイミングを「ゴッドパリティ」とも言います。そうなると、誰も電力会社から電気を買わなくなり、電力会社というものが不要な存在になります。太陽エネルギーは、天の恵みです。ですから、それはもう、神様がやってくるような大転換ということです。ドイツ銀行は、世界に「ゴッドパリティ」が到来するのが、2018年と予測しています。私たちは、もうほとんど神の時代に足を踏み入れているのです。しかも、電力会社にお金を払わずに済むだけではありません。余った電気は、売ることもできる。払わないどころか、個々の家にお金が入ってくるのです。そうなれば、電力会社は、完全に存在意義を失ってしまいます。

なぜ日本だけ、太陽光発電が高いのか

吉原　でも、日本はまだまだ太陽光発電が高いと言われますよね。これは、どうしてですか。

飯田　世界の先進国では、太陽光発電が急速にシェアを広げているので、電気料金はどんどん安くなっていますが、日本だけが飛び抜けて高い。その理由を説明したいと思います。日本の太陽光エネルギーは、2017年春の時点で、40ギガワットぐらいです。そのうち10ギ

ガワットは住宅の屋根、30ギガワットは野や山からのものです。そして40ギガワットのうち、実際に使用されたのは、4ギガワット。残りの36ギガワットは、在庫として保存されています。この在庫の電気は、ずいぶん前に、1キロワット32〜40円で経産省から設備認定を受けたものです。現在の買い取り価格は、1キロワット時あたり18円なので、相当高いと言えます。

吉原　「電気の在庫」とは、どういうことですか。どこかに蓄電されているということですか。

飯田　いいえ、そうではありません。確かに、「電気の在庫」という言い方が、ちょっとわかりにくいかもしれませんね。これはどこかに蓄電してあるということではなく、経産省が、発電する権利を認めているということです。認められると、送電線とつなぐことができ、自分のところで発電した電気をほかへ売ることができます。

吉原　なるほど、電気そのものではなく、権利を売るということですね。

飯田　そういうことです。この権利は、現在市場で取引されています。どういうものかと言えば、不動産投資、例えばワンルームマンション投資と同じようなものと考えていただければいい。安く買って、高く売れば、その差が利益になります。価格も数百万円で、ワンルームマンションと同じぐらいです。ウェブに取引サイトがあり、常時千数百件が掲載されています。

吉原　日本でも、自然エネルギーはそれなりに市場があるのに、なかなか電気料金が安くならないのは、不思議議です。

飯田　太陽光発電の売買は、ネットオークションのように売り手と買い手が直接やり取りするのではなく、すべて信販会社がついています。そこが明らかに過大な利益を得ている。中間搾取をしているのです。それが日本の太陽光発電のコストがなかなか下がらない理由の一つに挙げられます。

吉原　日本らしい理由ですね。日本の場合、あらゆる業態で中間搾取が入りますから。

凋落《ちょうらく》した日本産太陽光パネル

飯田　ほかにも理由があります。太陽光パネルには、メガソーラーといって、巨大なものがあります。これは住宅の屋根に取りつけるような小さなものではなく、野山一面に設置するような大規模のものです。この設備の権利も売買され、権利書が業界内で出回ります。電気は、売る場合、送電線を使わなければなりません。ほとんどの国では、その費用を電力会社が負担するのですが、日本はそうではありません。事業者が払うことになります。連系工事負担金というのですが、それが何億円も何十億円もかかります。メガソーラーの場合、連系工事負担金が大きいと権利価格が安くなり、負担金が小さいと権利価格を高くして、だいたい同じぐらいの値段で取引します。

吉原　これもまた、変な商習慣ですね。そういう事情も太陽光発電のコストが安くなることを、妨げているのですね。

飯田　日本の太陽光エネルギーの市場は、非合理性に満ちています。これを合理的にするためには、企業努力も必要ですが、それ以前に政府が政策をきちんとしなければならない。つまり、政府が本腰を入れて、自然エネルギーに取り組んでいないのです。

吉原　太陽光パネルの生産はどうでしょう。当初日本は、かなり進んでいたと思うのですが。

飯田　太陽光パネル自体のシェアも、今では日本は、世界に後れを取っています。より正確に言うと、凋落したのです。２００６年、太陽光パネルの世界市場は２・５ギガワットしかありませんでした。その時日本は、35パーセントのシェアを持っていました。そして10年後の2016年、世界市場は76ギガワット、つまり約30倍に成長したのです。そこで大きく躍進したのは中国で、60パーセントのシェアを持っています。一方日本は、完全に圏外です。

吉原　中国というと、日本人は低く見る傾向があります。でも、太陽光パネルの市場を見ればわかるように、偏見以外の何物でもありません。太陽光パネルの分野で、なぜ中国に完敗したのか、日本はそこをよく考えてみる必要がありますね。

飯田　中国の太陽光パネルのメーカーは、理工系の大学院を出たエリートが経営していることが多い。彼らはアイディアが豊富で、度胸もあります。専門知識のみならず、ビジネスマンとしての才量も兼ね備えている。彼らに日本をはじめ、アメリカやドイツも打ち負かされてしまいました。

吉原　中国は、特に利に聡いのでしょうね。そこへ国力や技術力の裏付けもあり、一気にシェアを独占したのだと思います。

「原発はコストが安い」は大嘘

飯田　今起きているのは、破壊的とも言えるエネルギーの大変化です。それは単に原子力や化石燃料から、自然エネルギーに変わるというだけではありません。産業構造や社会秩序も変えてしまう、劇的かつ根源的な変化です。そういう大転換に伴って、大規模な技術革新が起きるのは当然です。自然エネルギーの場合、太陽光パネルにしても風車にしても、作れば作るほど、コストは安くなります。それは製造者が、どんどん技術を学習するからです。一方原発には、技術学習効果はありません。それどころか、作れば作るほど、コストが高くなります。

吉原　原発はコストが安いと言われてきましたが、真っ赤な嘘ということですね。それを少し説明していただけますか。

飯田　原発は、しょっちゅう事故が起きます。原発で起きる事故は、すべて重大なものです。ちょっとしたことでも、破滅的危機につながるからです。そのため事故が起きると、新しい規制ができます。それに応じて、新しい安全装置を付けなければなりません。大型化と複雑化が、増していくのです。

吉原　いたちごっこですね。

飯田　日本の六ヶ所村の再処理工場、フィンランドのオルキルオトの原発、フランスのフラマンヴィルの原発、これら比較的新しい原子力施設に共通しているのは、もともと予定していた価格では、完成させられないということです。それも少し高くなるという程度ではなく、数倍になってしまう。2018年4月、伊藤忠がトルコの原発事業から撤退することが報道されましたが、それはもともと1基5000億円で予定していたのが1兆円を超え、予定の倍以上になってしまったからです。また、当初は、4～5年でできると言っていたのに、いつまでも完成しません。

吉原 安倍政権は原発の輸出を、成長戦略の柱に据えてきました。時代遅れの愚策だと思いますが、それが完全に行き詰まっていることが、よく表れていますね。

飯田 伊藤忠は、福島の原発事故の影響で安全対策費が膨らんだことを、第一の撤退理由に挙げています。この件は、原発事業の経営が困難どころか、ほとんど不可能であることを象徴しています。これは見方を変えると、民間の大商社が、安倍政権を見限ったとも取れます。原発の輸出という方針も、だんだん外堀が埋まってきているのです。

吉原 日立もイギリスに原発2基を輸出する予定でしたが、2018年5月、日立の会長はイギリスのメイ首相と会談し、イギリス政府に資金援助の要請をする一方で、支援が得られない場合は、事業から撤退する意向も伝えました。これも安全対策費が、法外に膨らんだからです。イギリス政府も、できるだけ費用は抑えたいはずですから、将来的に計画そのものが中止になる可能性もあると思います。

飯田　安倍首相はインドにも原発を輸出しようとし、2016年モディ首相と日印原子力協定を取り結びました。しかし、インドは2010年に、原発事故の際、原子炉メーカーに責任を問える法律を作っています。これは世界的に見ても、画期的な法律です。万一、日本の輸出した原発が事故を起こしたら、その賠償は日本のメーカーがしなければならないのです。それが天文学的な金額になるのは、明らかです。一方、日本側は、そういうことを意に介さず「日本の技術力の高さを世界に示せるチャンスだ」と、能天気に考えているだけです。安倍首相はこんな恐ろしいことを決めてしまって、本当にいいのでしょうか。

とてつもなく巨大化した最新型原発

吉原　それにしても原発の予算が、当初の何倍にもなるのは、常軌を逸していますね。なぜそれほど、膨れ上がるのですか。

飯田　古い原発は新しい基準から見ると、欠陥だらけなので、動かせません。新しい原発も、作っている途中によそで事故が起きるなどして、また新たな基準で安全装置を追加しなければならなくなるため、いつまでも完成しない。これが原発事業の現状です。原発事故というのは、多種多様です。その一つ一つに対応しなければならないので、こんな馬鹿げたことになるのです。一つ一つ、対症療法的に対応しているということは、結局どうあがいても、原子炉はメルトダウンするということです。

吉原 やはり原発や核は、人間の手に負えない代物なのですよ。

飯田 安全装置の極めつけは、たとえ原子炉がメルトダウンしても、水素爆発だけは避けようとする、コアキャッチャーというシステムです。これは原子炉を入れる超巨大な格納容器で、できあがると、原発全体が宇宙戦艦ヤマトのような恐ろしく巨大なものになってしまう。今フィンランドで建設中の原発には、このコアキャッチャーが付いているのですが、トラブル続出で、完成が危ぶまれています。

吉原 原発の安全基準はどんどん更新されていくのですから、一番新しい基準に沿った装置でないと、危ないということになります。それが今、飯田さんの話されたコアキャッチャーということですね。あまりの愚かしさに暗澹《あんたん》とした気分になりますが、それが一番安全というこことなら、どうしようもありません。日本には、コアキャッチャーの付いた原発はあるのですか。

飯田　日本には、ありません。一方、中国の原発の多くには、コアキャッチャーが付いています。コアキャッチャーはとんでもない装置だと私も思いますが、それがない原発は安全とは言えません。つまり今の基準で言うと、日本には安全な原発などないのです。

吉原　安倍首相は、「日本の原発は、世界一安全だ」と言いますが、大嘘ですね。彼は、何を根拠にそんなことが言えるのか、まったく理解できません。

脱原発に積極的なドイツ

吉原　火力発電はどうでしょう。エネルギー革命が起きつつあるのなら、衰退は必至だと思うのですが。

飯田　自然エネルギーが成長する一方で、石炭もどんどん減っています。中国は石炭大国だったのですが、石炭による火力発電は急激に減り、発電所も次々に解体しています。アメリカの石炭産業は完全に崩壊し、大きな石炭会社は軒並み、ほとんど倒産のような状態です。

一方、原子力を扱う企業も、落ちぶれつつあります。かつてフランスは原発大国と言われていましたが、フランスの原子力企業を代表するアレバという会社は、長期低迷を続けていま

破局を迎えつつある“エネルギー恐竜”

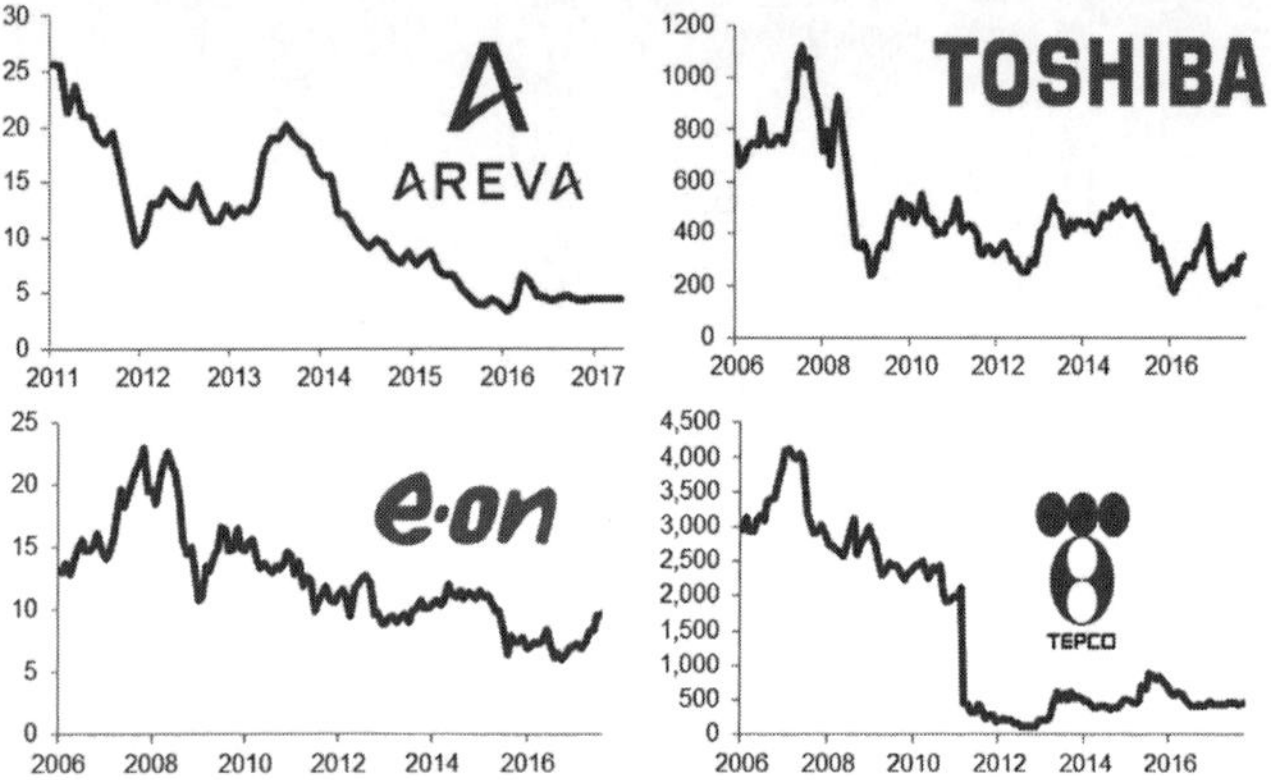

すし、日本の東電にあたるドイツの電力会社エーオンも、緩やかに衰退しています。日本では、東芝が原子力産業に関わっていましたが、東芝も不正が発覚する前から、低調でした。

吉原　その中で、もっとも自然エネルギーへの転換に積極的なのは、ドイツだと思いますが、ドイツの現状はどうでしょう。

飯田　エーオンは、ドイツで二番目に大きな電力会社ＲＷＥと手を組み、イノジーという自然エネルギーのベンチャー企業を始めました。そして２０１８年、エーオンは、イノジーを買収したのです。今ドイツでは、自然エネルギーをめぐって、ダイナミックな業界の再編が行われています。どの国でも電力は、独占が起きやすい市場です。独占にあぐらをかき、金の力で政治を支配してきたのが、崩れてきています。ドイツは、原発と石炭が不良債権化する泥沼から、どう脱出するかを模索しています。

吉原　海外にはそういう国もあるのに、日本はいまだに原発を輸出しようとするなど、相変わらず原発にしがみついています。もういい加減、気付いてほしいものです。

自然エネルギーはほとんど無尽蔵

吉原　日本が自然エネルギーに転換する場合、メガソーラーを設置しなければなりません。メガソーラーとは、出力1メガワット以上の大規模な太陽光発電のことです。メガソーラー設置のためには広い用地が必要ですが、中には、地域の反対があるところもあります。これについて、飯田さんは、どのようにお考えですか。

飯田　私は、デンマークがとてもいい参考になると考えています。デンマークの場合は風力発電ですが、広い用地が必要な点では同じです。

吉原　デンマークでは、どれぐらい風力発電機があるのですか。

飯田　約６５００基が、全土にあります。

吉原　それだけ普及したのは、なぜですか。

飯田　原則を決め、それに基づいて設置したからです。まず、設置してはいけないところを決めておきます。設置の際は、必ず地元の人たちが話し合いに参加し、紛争が起きないようにします。そして発電による便益は、必ず地元に還元されるようにします。

吉原　設置できないのは、どういうところですか。

飯田　住宅から600メートルは、離れていないといけません。自然保護地域、景観保護地域、森林などのほか、鉄道や空港など、重要な公共インフラの近くも除外されます。

吉原　そうなると、設置できる場所は限られますね。

飯田　そうなんです。でも、デンマーク政府は、将来的に風力発電だけで電力をすべてまかなえると考えています。なぜなら、風力と太陽光エネルギーは、1年あたり人類が消費する量の1万倍も、地球に降り注いでいるからです。これは無尽蔵といっていい、莫大な量です。そこから計算すると、ごく一部の土地を使って、風力や太陽光で発電すれば、その国のエネルギーは十分すぎるほどまかなえるのです。

吉原　最初に原則を決めることが大事ですね。それにはまず政府が政策として、自然エネルギーへの転換を打ち出すことが必要です。そうなれば、あとはいいことずくめなのだと思います。政府の姿勢を変えるためには、草の根運動のような形での情報発信しかありません。飯田さんも私も、そのために力添えができればと思っています。

（この章のグラフは飯田哲也氏にご提供いただきました）

第三章　改革に取り組む海外の政府

福島の事故で政策を大転換したメルケル首相

2011年3月の福島の原発事故で、世界の国々は強いショックを受けました。中でも、機敏に対応したのは、ドイツでした。

あの事故から半年もたたない同年の6月、メルケル首相は、脱原発の政策を打ち出しました。元々メルケル首相は、原発推進派だったのですが、180度方向転換をしたのです。ドイツは今、2022年の原発ゼロを目指しています（このことを、多くの日本人は知りません）。

このようなドイツのエネルギー政策は、「エネルギー・ヴェンデ」（エネルギー大改革）と名付けられています。これはエネルギーを、原子力や化石燃料から自然エネルギーに転換させることだけにとどまりません。経済的にも大企業による集中的、独占的なものから、分散型の投資や地域への資金の還元といった、市民参加型にシフトする狙いもあります。

ドイツの南西部に、ビュルスベッセルという地域があります。ここには原発があったのですが、国の政策を受けて運転を停止し、廃止に至りました。そして今では、廃止した原発を取り囲むように、７基の風力発電機が稼働しています。その風景は、ドイツの大転換を象徴しているかのようです。

このエネルギー政策は、ＢＤＩ（ドイツ産業連盟）にも受け入れられています。ＢＤＩというのは、10万社を超えるドイツの企業が加盟する経済団体で、日本の経団連にあたります。ここが新しいエネルギー政策を受け入れているのですから、ドイツでは、官民が一体となって、自然エネルギーのほうへ舵を切ったということです。

実際、エネルギー大改革は成功しています。数年来、石炭、水力、原子力など、一次エネルギーの消費量は減っているのに、ＧＤＰは成長しているからです。

ビュルスベッセルの南方にも、風力発電により、エネルギー革命を大々的に推し進めている地域があります。フランクフルト郊外にある、ライン＝フンスリュックという郡です。そこには、地平線が見えるほど広大な草原に、３００基近くもの風力発電機が設置されています。見渡す限り、白い風車が点々と広がる風景は壮観で、目にすると、思わず感嘆の声を上げてしまいます。

ライン＝フンスリュック郡での風力発電の売り上げは、年間で50億円にも上ります。そのお金はもちろん、税金が安くなるなど、地元で暮らす人々に還元されます。

風力発電を推進した前郡長のベルトラム・フルックさんは、「未来に対するいい手本を示せているということになれば、地元の人たちはついて来てくれます」と言います。経済的に潤うだけでなく、地域の人々からの共感も、エネルギー革命の推進力になるということでしょう。

ライン＝フンスリュックでは、風力発電を導入する前は、エネルギー代として年間何十億円も払っていました。ロシアやアラブ諸国から石油を買っていたのです。それが石油をもう買わずに済み、その分地域が潤うのです。それだけではありません。現在ライン＝フンスリュック郡のエネルギー自給率は年間平均262パーセントです。162パーセントの余剰電気はほかへ売り、その分が利益になるのです。

「ドイツはズルをしている」は印象操作にすぎない

脱原発と自然エネルギーへの大転換を実行しているドイツに対し、こんな批判がよく聞かれます。

「ドイツは、実はフランスから電気を輸入している。その電気は、フランスが原発で発電したものだ。ドイツはズルをしているだけだ」

この批判は、日本の原発推進派などから、しばしば聞かれます。しかし、これもまた、原発推進派による嘘にほかなりません。

ドイツのエネルギー輸出は、年々増加しており、輸入量をはるかに上回っています。確かにフランスから電力を輸入していますが、これは時期や時間帯によっては、ドイツ国内で発電するよりフランスから輸入したほうが、コストを低く抑えられるからです。しかも、その量はわずかで、比率で言えば、輸出を4とすると輸入は1ほどです。

このことからも、電力不足などありえないことがわかります。

ドイツ連邦経済エネルギー省のエネルギー政策局長も、日本人からこの質問をよく受けることに苦笑しながら、こう言っています。

「ドイツがズルをしているというのは、断じて違います。多くの原発を止めてドイツに起きたことは、電力輸出の急増です。収支差額では毎年輸出が増えています。輸出増加はドイツの電力需要がフランスの原発に頼っていないことを証明しています」

要は、電事連（電気事業連合会）などが、「ドイツはフランスから電力を輸入している」というところだけを強調し、日本国民に誤ったイメージを植え付けようとしているにすぎません。

これは、何としても原発を止めさせまいとする原発推進派の意図もある一方で、「原発を止めると電力不足にならないか」という強迫観念めいた不安があるようにも思います。情報不足のため、日本人の多くが、根拠のない不安にとらわれてしまっているのです。

「ベースロード電源」に固執する日本の愚かしさ

原子力発電に対する固執を示すものに、「ベースロード電源」という考え方があります。ベースロード電源は、季節や天候を問わず、安定して電気を供給できる源のことで、日本では原子力発電がこれに当たります。ドイツやデンマークなどの自然エネルギー先進国でも、かつてはベースロード電源に石炭火力や原子力を当てていたのですが、2000年ごろから風力や太陽光の自然エネルギーが急速に増えはじめたことから、天候によっては需要を超える電力が発生するまでになりました。需要を超えた場合は、ベースロード電源があるがために、風力発電所や太陽光発電所の稼働を止めてしまうことになります。燃料費がゼロでクリーンな自然エネルギーを最大限に活用すべきと考えた各国は、逆転の発想をしました。風力や太陽光の発電量に合わせて、火力や原子力の発電の調整を行ったのです。つまり、ベースロード電源はいらないという考え方に変えたのです。このような考え方こそ、フレキシビリティというものではないでしょうか。ベースロード電源という固定的な発想から離れ、電気というものを、柔軟にとらえる考え方です。

風力や太陽光などの自然エネルギーを不安定だからと排除するのではなく、最大限に利用することを、自然エネルギー先進国は行っています。

日本も、電気に対する根本的な考え方を改める時期に来ていると私は思います。

デンマークに倣《なら》え

デンマークも自然エネルギーを大々的に推進しています。デンマークでは、総電力のうち風力発電による供給が、２０１７年度で43パーセントに達しています。このうちの８割は、市民と協同組合の運営によるもので、地元への利益の還元が実現しています。協同組合とは、日本にある生活協同組合、つまり生協と同じものと考えていただければいいと思います。その地域の市民が、組合金を出資し、それによって運営されるのです。こうした組合が多数あるデンマークは、それだけ巨大資本の大企業から自由で、地元軽視の横暴を避けているると言えます。一方でデンマークは、一人当たりのGDPが日本の1・5倍で成長を続けており、輸出額の約10％を自然エネルギーが占めています。このようにデンマークは、ドイツと同じく自然エネルギーへの転換を行いながら、経済成長を遂げているのです。

デンマークの自然エネルギー政策で、風力発電とともに、もう一つ重要なものがあります。それは、地域熱供給です。これはデンマークだけでなく、ヨーロッパでは非常に重要な政策になりつつあります。

地域熱供給は、日本では聞きなれないものだと思うので、ここで少し説明したいと思います。地域熱供給とは、温水などを一ヵ所でまとめて製造し、供給する、シンプルなシステムです。水を個々の家や建物で温めるのではなく、まとめて温水を作り、配管によって供給します。家庭ではその温水を、暖房や給湯に使います。そうすることで、省エネルギーやCO2の削減が行えます。

デンマークでは、全戸数の約半分、大都市では、6〜7割が地域熱供給に加入しています。先ほど、デンマークでは、総電力のうち風力発電が43パーセントと言いましたが、これは年間の平均ですので、日によって150パーセントのこともあれば、0のこともあります。まず第1段階として、地域熱供給用の熱源はバイオマスなどのコージェネレーション(電気と熱を同時に供給するシステム)が使われます。そのコージェネが風力発電を補完するように運転されます。風力発電が多いときに発電すると電力市場価格が安く、その逆の場合には高いからです。風力エネルギーの割合が大きくなると、電力の市場価格は、それに引きずられて安くなります。風力エネルギーは、非常にコストが低いからです。そうすると、地域熱供給用の温水が過不足になりますが、それは全土に数千ヵ所ある温水タンクで調整します。

それでも風力発電の電気が余る場合、ヒートポンプなどを使って、その風力発電の電気を温水に変えます。その温水も温水タンクに「蓄電」します。バッテリーよりも数百倍も安いとデンマークは胸を張ります。こうしてデンマークでは、地域熱供給ネットワークがあることで、非常に低コストな風力発電を軸に、電力市場と温熱市場が相互に流通できる仕組みを作り上げています。

その余った電気を用いてデンマークは今、エネルギーに関し、もう一歩進んだ取り組みをしようとしています。それは家庭などで使うガスを、天然ガスからバイオガスに置き換える政策です。

天然ガスは、石油や石炭と同じく、化石燃料です。一方、バイオガスとは、畜糞《ちくふん》、つまり牛や豚の糞を発酵させ、ガス化したもので、いわゆるメタンガスです。これを家庭などで、ガスとして使おうとしているのです。

ただ、バイオガスには、不純物としてCO2が数十パーセント含まれており、ガスとして利用するためには、それを分離しなければなりません。

風力発電では電気が余りますが、それによって水を電気分解し、水素を作ります。その水素と、分離したCO2を結合させると、こちらもメタンガスになります。つまり、ガスもクリーンにするということです。

人口の多さは関係ない

デンマークは、ノルウェーなどと同様に、電気自動車をどんどん普及させていますが、電気自動車にできるのは小型自動車だけです。大型トラックや船など大きな馬力が必要なものは、バッテリーでは動かせません。そのため、それらは動力をガスタービンに変え、燃料を天然ガスからバイオガスにするのです。

話が少し複雑になりましたが、仕組みとしては非常にシンプルです。このように、電気、熱、交通機関のすべてをクリーン化する計画を、今デンマークは進めています。

いまだに原発に固執している日本とは、とてつもない開きを感じずにはいられません。しかし、実際に行っている国があるのですから、そこから日本も学べばいいのではないでしょうか。私は、それほど難しいこととは思いません。

このような提案をすると、デンマークは人口が６００万人にも満たなくて小回りが利くからできるのだと言い出す人が、必ずいます。

しかし、人口は関係ありません。仕組み自体がとても簡単なので、人口が多いと複雑なシステムが必要になるというものではないからです。

デンマークも、１９８０年までは、ほかの国と同様に、大型火力発電が中心で、二つの大きな電力会社が市場を独占していました。しかし、今では風力発電が６５００基、バイオマスボイラーが５０００基、そしてコージェネレーションシステムが１０００基あり、完全に分散エネルギー社会に変わりました。今は、風力発電は85パーセント、コージェネレーションはほぼ１００パーセントを地域の人たちが所有しています。

日本の場合、利権構造が堅固《けんご》なので、そこまでいくのはなかなか難しいと思う方もいるかもしれません。しかし、エネルギー革命というのは、人類史における画期的な変化です。大きなうねりが来れば、利権構造など、脆くも一気に崩れ去ると私は思います。

デンマークはエネルギー転換の先進国であり、非常に面白い事例です。世界各国、特に日本は、絶対に手本にするべきです。

お手本は、デンマークの小さな島

デンマークの中で、より具体的なモデルケースを紹介しましょう。

首都コペンハーゲンのあるシェラン島の西方の沖合にサムソ島という、人口４０００人弱の小さな島があります。この島は、もともと自然エネルギーが4パーセントだったのですが、10年間で１５０パーセントというエネルギー自立の島に変わりました。

デンマーク政府が自然エネルギー導入計画の公募を行い、このサムソ島が応募したのが事の始まりです。以前は農業の衰退で過疎化が著しかったこの島も、今では、自然エネルギーが主要産業になっています。それを運営する主体は、自治体ではありません。地域の住民によって作られた協同組合が主体です。売り上げは、年間で36億円にも及びます。

サムソ島でエネルギー革命を主導したのは、ソーレン・ハーマンセンさんという環境活動家です。

まず、島民が出資し、所有する洋上風力発電を1基ずつ作っていき、それを25基にしました。一方で、麦わらを使ったボイラーや太陽光で地域熱供給も行い、自然エネルギー自立の島に変えたのです。島民の出資者には、年利13パーセントの高配当を得た例もあります。

サムソ島で、自然エネルギーへの転換が成功したベースには、「コモニティ」という考え方があります。「コモニティ」とは、「コミュニティ（共同体）」と「コモディティ（商品）」を組み合わせた造語です。「共同体の自然エネルギーを商品化して、そこで暮らすみんなが潤おう」という意味です。大企業が独占するのではなく、小規模な組織で運営しながら、利益は地域の人たちで分かち合うやり方が、ここでは大きな成功を収めています。ハーマンセンさんは言っています。

「自然エネルギーの事業を行う時、地域の規模に関係なく、そこに暮らす人々を巻き込むことが大事です。農家や労働者など、人によって関心は違いますが、同じ地域で暮らす以上、利益をはじめとした、共通する関心事はあります。これを異なる視点でとらえればいいのです。この考え方を、コモニティと呼んでいます」

この島は世界にとって、今や自然エネルギー転換社会のお手本です。国連の調査団が調査したり、「ニューヨーカー」をはじめ、いろんな雑誌に取り上げられたりしました。オランダの大統領も訪れたし、日本の皇太子殿下も訪れようとされたと言います。

また、サムソ島では、「サムソエネルギーアカデミー」という、市民主導で自然エネルギーを推進するための場が作られました。これはハーマンセンさんが代表を務めるもので、年間5000人もの人が参加しています。

サムソ島の例を、日本に置き換えて考えてみましょう。日本の場合、人口1万人で4000世帯ある地域だと、地方税収が10億円ぐらいあります。一方で、日本は、1世帯あたりの年間光熱費、つまり、電気、ガス、灯油に費やす金額は、約25万円です。25万円×4000＝10億円ですので、税収と同じです。それだけのお金を、電力会社、ガス会社、石油会社に払っているのです。それらの会社が売るエネルギーは、ほとんど海外から来ているので、国民全体で考えると、結局25兆円ものお金が、海外に流出しているのです。自然エネルギーで自立すると、このお金がすべて地域に還元できるのです。こう考えると、自然エネルギーへの転換が環境だけでなく、経済にとっても、いかに有益かがおわかりいただけると思います。

風力発電ほど安定した投資はない

現在アメリカは、世界一の原発保有国です。しかし、そのアメリカでも、自然エネルギーへの転換は、着々と進んでいます。

例えば、カリフォルニア州の州都であるサクラメントには、原発があったのですが、1989年、住民投票によって廃止になりました。1986年、旧ソ連のチェルノブイリで原発事故があり、サクラメントの市民は地元の原発も危険だと考えるようになったのです。

その後新しい電力施設のための企画競争入札を行い、三つのコージェネレーション発電所を新設しました。また、風力や屋上太陽光の設備も設け、省エネに多くの投資もしました。それ以降、サクラメントでは、地元の電力会社が自然エネルギーで発電しています。廃止された原発のすぐ隣に、たくさんの太陽光パネルが並んでいるのですが、これもエネルギーの世代交代を象徴するような風景だと思います。

サクラメントで自然エネルギーの占める割合は、電力全体の18パーセントです（2013年時点）。元の計画では、目標が2020年の20パーセントだったので、そこから考えると、目ざましい進捗《しんちょく》と言えます。そのため、目標は20パーセントから33パーセントに引き上げられました。

サクラメントと同じカリフォルニア州にテハチャピという地域があります。荒涼とした砂漠で、ロスアンゼルスから車で3時間ほど行き、峠を越えると、無数の風力発電機が視界に入ってきます。ここはカリフォルニア最大規模の集合風力発電所で、風がよく吹くため、風力発電に適しているとされています。

1980年代後半、この地で風力発電を始めたのは、日本の商社トーメンでした。トーメンから独立し、今もこの地で事業を行うグリーンパワーインベストメントの堀俊夫前社長は、日本の風力発電事業のパイオニア的な人物です。堀さんは、こう言います。

「風力発電は、最初かなり不安だったんですよ。明日は明日の風が吹くと言うぐらいで、そんな不安定なものが、商売になるのだろうかと思いました（笑）。そこでアメリカのあらゆる飛行場や測候所の風力計のデータを集めたところ、風力は平均値からプラスマイナスの幅が7パーセントほどであることがわかりました。私も商社マンとして、さまざまな商品を扱ってきましたが、10年間で景気の幅が、7パーセントで収まることはまずありません。そう考えると、風力発電は、不安定どころか、むしろ安定している。これはビジネスとして成り立つぞと思ったんです。風力に限らず、自然エネルギー事業は、安定的な利益を得ることができます。初期投資は10年で回収できるので、次の年から純利益が見込めます。利益率は12パーセントほどです。これほど安定した利益が得られる事業はなかなかありません。私は日本でも事業を手掛けていますが、日本はもっと自然エネルギー事業に力を入れるべきだと思います」

自然エネルギーへの大転換を宣言したアメリカ

自然エネルギーは、アメリカ経済に大きな影響を与えるようになってきています。

アメリカが今注目しているのは、どうすれば自然エネルギーへの転換が、すみやかにできるかということです。そのための一番手っ取り早い方法は、アマゾンやグーグルなどアメリカの大企業が、自然エネルギーを積極的に利用することです。大企業は、環境への配慮も気にしているので、促進はそう難しくないはずです。大企業の電力消費量は膨大です。大企業が使えば使うほど、自然エネルギーの電気料金は安くなります。

アメリカ再生可能エネルギー協会は、今、大企業を取り込むことを重視して活動しています。

2016年1月、オバマ大統領はアメリカの自然エネルギーへの転換を後押しするような一般教書演説を行っています。

「7年前、我々は自然エネルギーにアメリカ史上最大の投資をしました。その結果、アイオワからテキサスに至るまで、風力発電機が随所に林立するようになりました。アリゾナからニューヨークまで、屋根の上に取りつけられた太陽光パネルは、アメリカ国民に数千万ドルの電気代を節約させました。自然エネルギーは時代遅れの汚いエネルギーより、安くて安全です。しかも、それによって石炭火力発電を上回る雇用があり、平均以上の賃金が支払われています。我々は古臭いエネルギーからの転換を急ぐべきです」

アメリカの大統領は、オバマからトランプに替わりましたが、その後も競争力のある自然エネルギーが発展し続けているのは、いうまでもありません。

米軍がエネルギー転換を推進する理由

アメリカのペンタゴン（米国防総省）も、自然エネルギーへの転換を推進しています。

政府に関連する組織で、最もエネルギーを消費するのは、いうまでもなく軍隊です。そして米軍の中で、一番たくさんエネルギーを使うのは、空軍です。空軍は、自然エネルギーへの転換を率先して行おうとしているのだと、アメリカ空軍環境安全補佐官は言っています。「2013年、ペンタゴンで使われた電力のうち、自然エネルギーは7・5パーセントでした。この比率を、2025年には25パーセントまで引き上げることを目標にしています。実際それは、あと少しで可能です。空軍は、世界中に約150の基地があり、それぞれが小さな都市のようになっていて、病院、学校、球技場、デパートなどがあります。そこでは年間約800万メガワットの電力が使われます。もちろん航空機も、たくさんの電気を消費します。米軍の中でも、一番電気を使う我々が、リーダーシップを発揮し、自然エネルギーへの転換を推し進めるべきだと考えています」

陸軍環境安全補佐官は、陸軍も自然エネルギーへの転換に取り組んでいると言っています。それには陸軍特有の、人命にかかわる理由があります。

「陸軍では、2025年までに基地内の1ギガワットの電力を、自然エネルギーでまかなうことが目標です。それは陸軍全体で必要な電力の4分の1に当たります。既存の電力源やディーゼル発電のバックアップだけに依存するのは適切ではありません。我々が自然エネルギーに取り組む理由は、もう一つあります。それはイラクやアフガニスタンでの戦闘経験に関係しています。補給部隊が輸送する物資の70〜80パーセントは燃料と飲料水でした。燃料輸送のトラックが隊列を作ると、テロリストの恰好のターゲットになります。電力の効率化を図り、すでに戦地で使われている代替エネルギーを使用すれば、人命を守れるのです。我々は、『エネルギー節約が命を守る』と言っています」

また海軍環境安全補佐官は、日本にこう呼びかけました。

「我々は今、エネルギー革命の始まりにいます。すでにその道を歩みはじめていて、それが有益であることもわかっています。クリーンで、長期的な信頼性もあり、とても安価です。ですからアメリカの友好国である日本にも、エネルギー革命への参加を願っています」

自然エネルギーで戦争も防げる

米軍が自然エネルギーの導入を決めたのは、ある人物に強い影響を受けたからです。その人物とは、エネルギー学の世界的権威エイモリー・ロビンス氏です。

「戦争や紛争はしばしば起きますが、重要なのは、その原因です。最近のペルシャ湾をめぐる轍轢《あつれき》からもわかるように、多くの戦争は石油の奪い合いが原因です。これは各国が、エネルギー源を石油に依存しているからです。逆に言えば、各国が石油の依存から脱却すれば、紛争もなくなるということです。ペルシャ湾から兵士を引き上げられるのです。米軍は、そのような私の主張を気に入りました。結局、石油というエネルギーは、脅威をもたらします。石油の産出国は、中東など、ごく限られた地域の国々だからです。一方、風や太陽光などの自然エネルギーは、世界中どこにでもあるので、奪い合いなど、脅威の原因にはなりません。私は自然エネルギーによって、平和で健全な世界を築いてほしいのです」

ロビンス氏自身、ロッキーマウンテンの山奥の一軒家を研究所にしながら、生活しています。冬場にはマイナス40度にもなりますが、屋根には太陽光パネルを取りつけ、その電気で電力をまかなうため、電気代は日本円にして月５００円ほどだと言います。

「私はここでの生活を、何十年も続けていますが、きわめて快適です。ある著作を執筆中に、５回も停電しましたが、一度もデータは失われませんでした。太陽光の自家発電による、バックアップがあるからです。私は、電力網からの自立は、とても大事だと思っています。特に日本は地震国ですから、地震による停電は想定するべきでしょう。私は、日本の皆さんにも、自宅の屋根に太陽光パネルを取りつけることをお勧めします」

人間社会における最大の愚行は、いうまでもなく戦争です。自然エネルギーへの転換が、快適な暮らしをもたらすだけでなく、戦争もなくすとすれば、素晴らしいではありませんか。

（第三章は、原発ゼロ運動でご活躍されている弁護士、河合弘之氏の監督した映画「日本と再生」に多くを拠《よ》っています）

第四章　金で劣化した人間たち

官僚は戦時中から何も変わっていない

世界では今、原発をできる限り減らし、自然エネルギーを電気に変える動きが主流です。それなのに日本では、相変わらず原発を推進する勢力が幅を利かせています。日本だけが世界の潮流から取り残された、ガラパゴスのような状況と言っていいと思います。

なぜ、そんなことになってしまったのでしょうか。

一言で言うと、お役人、つまり官僚のせいと言えます。行政に携わる彼らが石頭であるため、世界の潮流を、頑《がん》として受け入れようとしないのです。

日本の官僚の特徴は、「国民を大事にしないこと」。これに尽きます。彼らの本来の役目は、国民への奉仕であるはずです。ところが、役人には、役人になったとたん、本末転倒が生じます。彼らが一番大事なのは、国民ではなく、自分たちです。つまり、自己保身ということです。自分しか見ない人は、大局を見ません。そのため、これほど破滅的危機をもたらす原発をいまだに推進しようとするのです。

国民を大事にし、幸せにするためには、自分や自分の家族のことしか考えない、サラリーマンではいけないのです。ところが、日本の官僚は、ほとんどがただのサラリーマンです。そういう人たちが、中央の要職を占めている。ここに原発問題の、ひいては日本という国の悲劇があります。

官僚は、太平洋戦争の頃からまったく変わっていません。先の大戦で、日本は300万人もの犠牲者を出しました。若い人は、先の大戦の責任が官僚にあると言っても、あまりピンと来ないかもしれませんが、戦争を主導した軍部もまた、官僚組織なのです。

彼らは先の大戦で、天皇陛下を持ち上げました。「持ち上げた」というのは、結局悪用したということです。そして、国民全員を戦争に巻き込みました。あげくは戦争が終わったとたん、陛下に責任をなすりつけ、責任逃れをしました。彼らは300万人もの国民を犠牲にしたのに、少しも恥じません。自分たちさえよければ、それでいいからです。

吉田裕氏の『日本軍兵士――アジア・太平洋戦争の現実』（中公新書）によると、戦争犠牲者の9割は、敗戦直前の1年で出たものです。勝ち目のない戦を止めずに、ズルズルと続けたから、あんなに大勢の人が死んだのです。もし、もう1年早く止めていれば、9割の人たちは、命を落とさずにすんだのです。それなのに、一度決まった方針はなかなか変えられない。反対すれば、自分たちが不利益を被《こうむ》ることになる。官僚はそう考え、それが明らかに異常なことでも方向転換ができません。今の原発と、問題の構造がまったく同じなのです。戦争がはじまると、どうなるか。若者や一番立場の弱い庶民が、戦地に送られます。皆さんは、先の大戦での戦死者が、どのような死に方をしたか、知っていますか。戦死というと、弾が当たって死んだと思うかもしれませんが、実態はそうではありません。そのほとんどは、戦病死と餓死です。軍部が食糧を送ろうとせず、現地で自ら調達するように指示したので、結局多くの人が餓死したのです。

戦争ほど、嫌な恐ろしいものはありません。その嫌な恐ろしいものに国民全体を巻き込み、そのうえに戦地の人たちに食糧を与えず、多くを餓死させたのです。こんな非人間的なことを平気で行う精神を脈々と受け継いでいるのが、官僚という種族です。だからこそ、福島の原発事故という、とんでもないことが起きても、いまだに原発を推し進めようとするのです。

原発は公害問題から何も学んでいない

原発の問題は、また一面、近代の問題でもあります。近代主義とは、平たく言えば、金儲け主義のことです。原発には、利権が大きくからんでいるのはいうまでもありません。

　お金について考えるのは、経済学が専門です。経済を考えるとき、一番見過ごしてはならないものは、何でしょう。私は、企業だと思います。しかし、経済学は、需要と供給などといった経済システムについて細かく分析をするばかりで、企業について、少しも掘り下げたことを言っていません。企業は、利益を最大化するための存在と、割り切っているだけです。

　でも、本当にそうでしょうか。大企業に勤めておられる方は、今一度、自分の会社の定款《ていかん》を読んでみていただきたいと思います。そこにはおそらく、できるだけ利益を上げようなどとは一言も書かれていないのではないでしょうか。消費者や社員の幸福とか、公共的なことや福祉への貢献とか、もっと理想主義的なことが書いてあると思います。

　人によっては、これをきれいごとと取るのかもしれませんが、私はそうは思いません。私は、多くの会社の定款に書いてあることこそが、真実だと思います。

　企業とは、何でしょう。私は、地域に暮らす人々が、公共的な目的のために、協力し合う集団だと思います。原始的に考えると、村の中に大きい石があって邪魔だから、力を合わせて動かそうとか、よそから悪い奴らが攻めてくるから、みんなで武器を作ったり、調達したりしようとか、そういうものが元の姿だと思います。あくまで地域的な公共的な目的に向かって、みんなで協力したり、分業したりする集団。これが、企業の基本ではないでしょうか。

ところが、近代になり、上場株式会社というものができて、企業は大きく様変わりをします。

地元に根差してきた集団の活動に、株により、外部の人間が介入してくるようになりました。これによって企業の規模が大きくなり、マーケットができますが、一方で地元の人が苦しんでも、利益を上げさえすればいいということになります。この利益の拡大化が、原発問題の根本にあります。

原発事故が起きれば、大変な目にあうのは、そこに暮らす人たちなのはいうまでもありません。それは、福島の事故を見れば明らかです。

これと似た問題が、すでに日本には起きていました。高度成長期における公害問題です。あの時は、大企業が有害物質を川や海に垂れ流し、そこに住む多くの人を病気で苦しめました。

原発は公害と問題のあり方が、とてもよく似ていると私は思います。しかし、数十年前の公害問題での反省は、残念ながら、原発の問題に生かされることはありませんでした。

株式会社の暴走が近代を作った

株式会社や資本主義について、経済学的な視点から少し考えてみたいと思います。

古典経済学の代表的な人物に、アダム・スミスという人がいます。『国富論』という有名な著作があるので、ご存じの方も多いのではないでしょうか。アダム・スミスは、その『国富論』の中で、株式会社について、こんなことを言っています。

「株式会社というのは、ろくなものじゃない。あれはイギリスの国にとって、どのような観点からも、役立たずの、いかがわしい組織である」

アダム・スミスは、18世紀の人です。折しも株式会社というものが現れ、それについて、こうした厳しい批判をしているのです。

もちろん、当時の株式会社が、批判を受けるような活動をしていたということもありました。しかし、根源的なシステムとして考えた場合、株式会社や資本主義というものは、野放しにすると非常に危険であることを、アダム・スミスは見抜いていたのです。

株式会社は、何と言っても株式市場に左右される存在です。倫理や道徳、社会的影響には関係なく動く傾向があります。そのため、後には労働基準法や環境法など、さまざまな法律で、暴走しないように抑えなければなりませんでした。また、株式市場も、インサイダー取引の禁止などの規制を課してきました。最近は、CSR（企業の社会的責任、社会貢献）やSDGs（持続可能な開発目標）ということも、よく言われたりします。

しかし、いくら規制や禁止を行っても、本質は変えられません。どうしても株主の利益を優先するほうへ、傾いてしまいます。

アダム・スミスが言うように、結局株式会社の暴走は避けられないということです。その暴走が、近代社会や資本主義社会を作ってきました。つまり、近代思想というものは、非常に危険な思想なのです。

ヨーロッパの思想界では、19世紀頃から近代思想批判が中心になりました。株式会社が経済活動の主体となって動く近代社会とは、結局、お金が何より大事という考え方に支配された社会です。

今もブラック企業の問題がありますが、19世紀の労働者は本当にひどい状況にありました。当時は労働者を一日十数時間も働かせたり、不景気になったら、どんどん首にしたり、子供を児童虐待のような形で働かせたりしました。例えば、ディケンズの小説『オリバー・ツイスト』には、そうした当時のひどい労働状況が描かれています。

金に取りつかれた人間が戦争を起こす

カール・ポランニーというハンガリーの経済人類学者がいます。ポランニーは1944年に、『大転換』という本を出しました。『大転換』には、このようなことが書いてあります。大航海時代に端を発するグローバリゼーション、産業革命、近代資本主義、そして上場株式会社、これらによって経済が暴走し始めた。それ以前の社会は、社会秩序の中に経済が組み込まれていた。ところが、近代になると、経済が秩序から逸脱し、一人歩きを始めたのだ——。ポランニーも、資本主義や株式会社の異常性を、しっかりと認識していたのです。

「神は死んだ」という虚無主義のニーチェ、近代を宗教からの離脱と考えたマックス・ウェーバー、近代の野蛮性を説いたオルテガなど、19世紀に登場した優れた思想は、すべて近代批判と言っても、過言ではありません。

お金が暴走すると、あらゆる価値観は相対化されます。何もかもが、お金という数値に還元されてしまうからです。道徳が崩壊し、人々の連帯が失われ、誰もが孤独になります。貧富の差も拡大しますが、それは仕方ないことだと、みんな見て見ぬ振りをします。ほとんどの人が、金があればいい、自分さえよければいいという時代、それが近代です。

20世紀前半、人々は極度のエゴイズムに取りつかれたことのしっぺ返しを受けます。第一次大戦、ナチズム、第二次大戦と、20世紀は戦争の世紀になりました。凄まじい破壊と殺戮《さつりく》が行われ、一度落ちるところまで落ちたのに、今また世界は金に取りつかれていま す。

唯一の希望は協同組合にある

しかし、希望はあります。経済の暴走は、人と人とのつながりを断ちます。ならば、つながりを回復すればいいと思います。これが経済の暴走を食い止める、唯一の方法だと私は思います。そういうつながりの一つに、協同組合があります。

協同組合は、19世紀半ばに、イギリスのロッチデールというマンチェスター郊外の町で生まれました。協同組合は、その頃牙を剥き始めた上場株式会社や資本主義から、人々を守るために誕生したのです。

上場株式会社は、株というお金の力学によって動くため、人間本来の姿からどんどんかけ離れていきます。

一般的に企業というのは、利益や合理性を追求するものと考えられています。しかし、もともとは、利益を求めることだけでなく、みんなが手を取り合って、地域に公共奉仕することも、重要な役割でした。それは国で言えば、政府です。もともと企業は、いわば一種の政府のような社会的な役割を担っていたのです。

企業は、安定した社会システムの一つだったのですが、上場株式会社の登場によって、株主がすべてを決定できる経済システムに変わってしまいました。社会的な役割を失った企業は、欠陥品も同然です。

そこで企業に社会的な役割を持たせ続ける方法が、考え出されました。

その一つが、協同組合です。出資者は金額の多寡《たか》に関係なく、一人一票で物事が決まります。大勢の人が意見を言うわけですから、話し合いは大変です。しかし、この方法だと、「自分はたくさん金を出しているのだから、自分の言う通りに経営しろ」という株主主権は起こりません。とても民主的で、平等な運営の仕方だと私は思います。

ちなみに、日本的経営も、これと似ています。株を分散させることで、大株主への依存を極力避けるやり方です。そうすることで、株式市場からの大きな影響を抑えることができます。

18～19世紀のイギリスに、ロバート・オーウェンという人がいました。後に空想的社会主義者と評されることもある人です。

オーウェンは、弱冠20歳で、マンチェスター最大の製糸工場の経営者になりました。そこで作る糸は品質がよく、当時はものすごいブランドでした。なぜ品質がよかったかといえば、オーウェンが、いわゆる日本的経営を行ったからです。

オーウェンは、自分の工場で働いている人たちを大切にしました。当時は、労働者を人間扱いしないところも多かったのですが、彼は労働者も資本家と同じ人間だという見方をしたのです。

立派な社宅を作り、不景気でも首を切らずに給料を払い続け、子供たちのために史上初めての幼稚園を作りました。幼稚園に通う子供たちには、こざっぱりとした園服を着せ、お遊戯を教えて、情操教育を行いました。また、労働者が病気になると、放っておかず、病院に行かせました。

オーウェンの行動に、労働者は感激しました。彼らは、「オーウェンさんのためなら」とやる気を起こし、一生懸命仕事をして、製品の品質を向上させたのです。その結果、労働争議もなく、オーウェンの工場は、大繁盛しました。

オーウェンの経営は評判を呼び、後に共産主義を考え出す、マルクスやエンゲルスも、工場見学に訪れたほどです。オーウェンの思想は、後に協同組合という形で受け継がれます。

協同組合は、暴走する資本主義から人々を守る、数少ない有効な手立ての一つだと思います。お金中心の考え方から、人間中心のみんなが幸せになれるような考え方へと、大きな転換を図ったのです。

グローバル化で、よりひどくなった金儲け主義

現代では、企業の金儲け主義は、ひどくなる一方です。グローバル化により、企業の活動は地元どころか国さえも離れ、他国の資本が介入するようになりました。こうして企業の金儲け主義は野放しになり、今や地球規模で跋扈《ばっこ》するようになったのです。

企業や株式市場がグローバル化することが、何か素晴らしいことのように考える人たち

が、世の中には大勢います。私は、とんでもないことだと思います。その結果、何が起きたかと言えば、貧富の拡大、つまり格差社会の到来です。儲ける人間はむちゃくちゃに儲け、収入の少ない人間はいよいよ貧しくなるばかりです。私は、これは勝ち組負け組などと面白おかしく言って済ませられることではないと思います。

金のことしか考えなくなると、人間はどんどん劣化します。金とは、人間のエゴを具現化したものにほかならないからです。政治家や官僚もエゴイストばかりになりました。リーダーが自分のことばかりで、少しも社会の改善に目を向けません。

リーダーがそのざまですから、若者も少しも希望が持てません。一部の若者は、一獲千金を夢見て起業したりしますが、これも要は、金儲けです。多くの若者は政治への関心を失い、夢を持てず、スマホをいじってばかりで引きこもり、挙げ句は絶望して、劇場型犯罪に走ったりします。

そんな絶望しかないような社会に、その帰結として、今、原発の問題も起こっているのだと思います。

リーダーは、この社会をより良くしようという意識がないといけません。サラリーマン根性ではいけないのです。

私自身、サラリーマンですので、その弱点は、よく知っています。

サラリーマン根性とは何か。金と地位を目的として、出世をみんなで競うことです。競争で勝った奴が地位と金を独占し、いばり散らします。上司におべっかを使う奴が上にいき、地位を得ると、力ばかり振り回す。自分の地位と力を守るために、病気になった奴を辞めさせたり、人の粗《あら》を探して、どんどん粛清したりしていく。そんなことだけに血道を上げ、本人は有能でもなんでもなく、こすっからいだけで、パワハラもセクハラもやりたい放題。

これがサラリーマンのみならず、政治家や官僚の実態ではないでしょうか。そんな非人間的な人たちが、原発を減らし、自然エネルギーを活用しようという世界の趨勢に逆らって、相変わらず原発を推進しようとしているのです。

金をたくさんもらうと、誰もが堕落する

私はずっと信用金庫で働いてきたので、中小企業の社長さんとの付き合いが多かった。彼らは、政治家や官僚、大企業の社長などと比べて、ずっとまともです。理由は簡単です。彼らは、ご苦労をされている割にあまりお金をもらっていないからです。

分不相応にお金をたくさんもらうと、必ず人間は堕落します。これは不変の真理です。職業柄、私はお金というものを通じて、多くの人と関わってきましたから、それが身に沁みてわかっています。お金をたくさんもらって、堕落しない人間などいないと私は思います。

国会議員、官僚、テレビ局や新聞社などの大メディアは、どれもたくさんお金をもらっています。だから、堕落しています。

清貧などという言葉があるように、貧しいときは、誰しもそれほど卑しくありません。お金をたくさんもらい、地位を得ると、人は、それを守ることが何より大事になります。人間の一番嫌な部分、エゴイズムが、ぬっと顔を出すのです。

なぜ、お金や地位を守るのに必死になるか。それは欲というより、恐怖心です。落ちるというのは、人間にとって、非常に怖いことなのです。誰でも、生活のレベルを落とすのは、嫌だということです。

安月給のサラリーマンだと、夜の酒は自宅で缶ビールに柿の種で満足していたのが、給料が上がると、「もうちょっと高くてもいいや」ということになり、飲み屋に行くようになって、使うお金も3000円、5000円と上がっていきます。そうなると、もう缶ビールに柿の種のところへは戻れなくなってしまうのです。

官僚も、定年退職して天下りすれば生涯収入は10億円前後になります。そうとなれば、誰でも変なことは言わず、当たり障りなく官僚の仕事をやり過ごそうということになります。盾《たて》つくようなことを言って、辞めさせられたりすれば、10億円が水の泡になってしまいます。

テレビ局もまだ貧しい頃は、さまざまな事象を鋭く批判するいい番組をたくさん作っていました。ところが、多方面からたくさんお金をもらうようになると、あちこちに忖度《そんたく》ばかりして、毒にも薬にもならぬ番組しか作れなくなりました。お金をもらえなくなるのが怖く、臆病になってしまうのです。臆病とは、勇気がないことです。人間が生きていく上で、勇気は必要不可欠なものです。臆病になることは、これもまた、人間の劣化にほかなりません。

お金や地位を自分ではなく、家族のために守ろうとする人もいます。家族のため、家庭のためというと、ちょっと聞こえがいいようですが、これもエゴイズムにほかなりません。家族思いの人は、一見善人のようですが、私はそうではないと思います。太宰治は、「家庭の幸福は諸悪の本《もと》」と言っていますが、その通りだと思います。エゴを自分自身から家族や子孫にまで押し広げているだけです。金や地位を、親から受け継ぐ世襲議員の醜さを見れば、それは明らかではないでしょうか。

プラトンなども書いていますが、政治家にはあまり金を与えてはいけません。それを守ることばかりに関心が行き、社会に目を向けなくなり、ろくなことにならないからです。できるだけ早い定年も決めておくべきです。定年が遅かったりなかったりすると、政治家は地位にしがみつくことばかり考えます。とにかく金と地位、この二つが人間を狂わせるのです。

また、権力を分散させることも大事です。一人の人間に権力が集中すると、その組織や集団はおかしなほうへ向かいます。権力を一人の人間が握ると、必ずその人間は暴走します。それはシステムや制度によって、抑制するしかないのです。

自分だけではなく、みんなが潤うことが大切

このようなリーダー層の拝金主義と人間の劣化が、世界の流れに反し、日本が未だに原発を作り続ける愚行の根底にあります。

しかし、嘆いていても仕方ありません。いくら私が嘆いたところで、彼らは変わらないし、原発が作られていく現状も変わりません。

そこで、私は彼らの逆手《さかて》を取ることを考えました。それは、原発より自然エネルギーのほうが儲かるということです。

倫理的、感情的な批判ではなく、もっと単純に、原発より自然エネルギーのほうが儲かるということになれば、世の中は大きく変わるにちがいありません。人々が利に聡いのは、いつの世も同じだと思います。

拝金主義がいけないのは、エゴイズムだからです。グローバリズムによって世界の市場を動かし、マネーゲームで巨万の富を得るのは、ごく一握りの人間です。彼らは、自分だけがいい思いをしようとしているにすぎません。

しかし、みんなが儲かり、幸せになるのなら、自然エネルギーで利益を得ようとすることはエゴイスティックな拝金主義ではありません。しかも、事故が起きると途方もない災いをもたらす原発と手が切れるのです。いいことずくめだと、私は思います。

グローバリズムが、なぜ人々を不幸に陥れるのかといえば、地域に根差していないからです。世界をマーケットにし、そこでマネーゲームをするのですから、地域のことなど放っておかれるのは、当然です。金と利権ばかりで原発を推進し、事故が起きて大変な目にあうのは、地元の人たちなのです。私は、反グローバリズム、つまり地域に根差した経済こそが、人々を幸せにすると考えます。実際、世界はそちらへ向かいつつあります。

私は原発をゼロにするために、こうすればいいと思います。

風力でも太陽光でも、各地域に合った方法で、自然エネルギーから電気を起こします。それを地域で使い、余った電気は都会に売ります。近い将来、これだけで、日本の消費電力のすべてがまかなえるようになります。こうすれば地方が潤います。そして、これまで海外に払っていた年間25兆円もの化石燃料代も浮きます。

自分だけが儲け、幸せになるという発想をやめ、みんなが潤い、幸せになる発想をすればいいのです。そうすれば、原発もゼロになります。こういう経済のあり方が健全であり、自然だと私は思います。自立型社会を実現するということです。

政治的にも一極集中の、一握りの人間だけが富や権力を独占するような日本、結局、こすっからいだけの人間がのさばる日本は、もうやめにしませんか。地域に根差したいろんな経済の営みを活性化させ、そこで暮らす人々がみんな幸せになれる社会を作っていく。これが、自然エネルギーの推進と原発ゼロを提唱する私の考えです。

私は、経済学者シューマッハーの言うように、スモール・イズ・ビューティフルだと思っています。「幸せの経済」を提唱するローカリゼーション運動のパイオニア、ヘレナ・ノーバーグ＝ホッジの言う、ローカルなものが大事だということです。結局、幸せとは、小さなものであり、ローカルなものではないでしょうか。グローバルなど、幸せどころか、多くの人を不幸のどん底に突き落とすだけだと思います。

地域のコミュニティに根差した経済が発展することによって、人は幸せになります。個人の手が及ばないようなグローバル経済は、結局、大きな政治勢力や大企業に支配されるだけで、みんな少しも幸せになりません。

また、自然エネルギーを活用することは、エコロジーの観点からも、とてもいい。太陽のエネルギーは無限にあって、尽きることがない。多少利害が衝突することはあるかもしれませんが、そこは地域で話し合って決めればいい。いきなり大資本が来て、山をはげ山にして、ソーラーパネルを作ったりするようなことさえないようにすればいいと思います。

右翼が原発を推進することの不可解

ソーラーパネルはいうまでもなく、太陽光エネルギーを電気に変える設備です。これを日本中の農地の上に張れば、原発１８００基分もの電気が得られます。これでもう日本の電気は、すべてまかなえてしまうのです。

もちろん、自然エネルギーは、これだけではありません。風力、地熱、潮力など、さまざまあります。無限といっていいくらいのエネルギー源があるのに、どこに原発にこだわる必要があるでしょう。それがおかしいことは、誰でもわかると思います。

自然エネルギーは、言葉通り、自然の恵みですので、地域の特性を生かすことができます。自然とともに、その土地に暮らす人々の、伝統的な社会を維持することになるのです。縄文時代から連綿と続く、日本人らしい共同体を続けられます。

これは日本の文化と人々を守るということですから、結局、国体を守るということです。

私は今、国体を守ると言いました。国体とは国のあり方であり、よく右翼の人が、「国体を護持する」などと言ったりします。

ここで、ちょっと考えてください。一般的に、反原発というとリベラル派や左翼の主張であり、原発推進というと保守派や右翼の主張というイメージがあるのではないでしょうか。

しかし、原発をゼロにし、自然エネルギーを主流にするほうが、伝統的な国のあり方、つまり国体は守れるのです。原発は、国土を消滅させる可能性のある、おそろしいものです。そのことは、東日本大震災時の福島での事故で、みんなが痛感したはずです。それなのに、人一倍、国体や国土を大事にするはずの保守派や右翼が、なぜ原発を推進しようとするのか、私は理解に苦しみます。

そして、自然エネルギーの活用は、従来のリベラルと保守、左翼と右翼というあの不毛な対立を超えるものだと、私は思います。

原発推進派は、誰一人覚悟がない

私は、保守とリベラル、右翼と左翼の対立は、本質的なものではないと考えます。本質は、近代か反近代かにあると思うからです。

結局、近代主義とは、平たく言えば、金儲け主義の利己主義、自分さえよければそれでいいという考え方です。それが行きつくところまで行きついたのが、金持ちとそうではない人間の、途方もない格差がついた現代ということです。

一方、反近代主義とは、自分ばかりが極度にいい思いをするのではなく、みんなで幸せになろうという考え方です。どちらが、人として正しいかは、子供でもわかるのではないでしょうか。

いろいろ言いましたが、結局、私が原発推進派の人に言いたいのは、この一言です。

「もし明日、原発事故が起き、国土が消滅したら、あなたは自ら責任をとって切腹できますか」

先日、「朝まで生テレビ!」に出演した時、私がこれを言うと、推進派の人はみんな黙りました。

結局、みんな無責任なのです。責任を持たずに、いい加減なことを言っている。責任を持つということは、原発を推進して、福島以上の大事故が起き、国土が消滅したら、腹を切るということです。私は安倍総理にもこの一言を言いたい。

「あなたは、腹を切る覚悟があるのですか」

誰も覚悟がないまま、とんでもないことを推し進めている。これが今の政治です。

そういう無責任な連中の常套句に、

「仮定の話にはこたえられない」

というのがあります。

でも私は、その言葉は、まったく意味をなしていないと思います。原発を推進、もしくは容認することは、その時点で、もうその人には、責任が生じているのではないでしょうか。

政治家や官僚、学者だけでなく、一般人にもこれは当てはまると思います。

なぜ日本人は、原発を止めようとしないのか

原発は一基作るのに、大変な金がかかる。そして、どれだけ金をかけて、頑丈にしても、直下型の地震に襲われたら、いとも簡単に大事故になってしまう。なぜなら冷却水を送るパイプは、地震に非常に弱いからです。

パイプというものは、どんな作りにしても、長細いものです。これぱかりは変えようがない。つまり、直下型地震が来て、段差ができたら、たやすくポキッと折れてしまうのです。これは材質などで、どれほど強度を上げても、どうしようもありません。原発は、絶えず炉心を冷やし続ける必要がありますから、冷却水を送るパイプが折れたら、炉心の温度はたちまち上がり、メルトダウンを起こしてしまう。

原発事故というのは、これほど単純で、しかも対策の施しようがないものなのです。それなのに推進派は、事故防止のために莫大な金をかけます。

一方でソーラーパネルは、原発に比べると、おそろしく安い。シリコンとガラスとアルミ

と銅線でできているだけですから、これからもまだまだ価格が下がるでしょう。コストが下がるということは、電気代も安くなるということです。自然エネルギーには、ほとんどいいことしかないと言っていいと思います。それなのに、まだ原発に固執するのは、まったく理解できません。

そして、ソーラーパネルの開発で、先頭を走っているのは、中国です。当初は日本が進んでいたのですが、中国に逆転されてしまいました。

これには、実に日本人らしい理由があります。日本は、シリコンの純度を１００パーセントに近づけるため、小数点以下９桁（11Ｎ《イレブンナイン》と呼ばれる純度99・９９９９９９９９９）の精度にこだわったのです。一方、中国は６Ｎ（99・９９９９）～７Ｎ（99・９９９９９）にしました。その程度でも、壊れやすさに大きな差はありませんし、壊れたら、直せばいいという発想です。シリコンの純度をあまり高めなければ、それだけソーラーパネルの値段も安くなります。

物作りにこだわる日本人の気質は、もちろんいい面もありますが、ここではそれが仇になってしまいました。価格競争で、負けてしまったのです。家電製品などでもそうですが、日本人は物を作るとき、20年経っても壊れないものを作ろうとします。そういうことが、必ずしもいいとは限りません。パソコンやスマートフォンの市場で、日本が中国や韓国に負けたのと同じ理由です。中国人や韓国人は、パソコンやスマートフォンは数年で買い替えるものという割り切った考え方で作ります。しかし、日本人には、非常にいいもの、長持ちのするものを作る発想が身についてしまっているので、なかなか切り替えることができないのです。

日本人の職人気質は、素晴らしい面もありますが、それがいいとばかりも限りません。それは一種の視野狭窄《しやきょうさく》に通じるからです。

物事に一生懸命取り組むのはいいですが、目の前しか見ない。これは結局どういうことなのかという大局的、総体的な視点が持てないのです。

原発の問題にも、これは当てはまります。原発を動かしている人たちは、そこしか見ない。これが本当にいいことなのかという発想が出てこない。

世界の流れに反して、原発を止めようとしない日本人の馬耳東風《ばじとうふう》は、この気質とも関連する気がします。

第五章　みんなが幸せになる方法

エリートは誰も責任を取らない

2011年3月、東日本大震災によって、福島の原発事故は起こりました。記憶というものは、風化しやすいので、当時のことを今一度振り返ってみたいと思います。

あの3月11日、地震の直後から都内では停電になったり、電車が止まったりしました。多くの人が会社に泊まったり、何時間もかけて、徒歩で家に帰ったりしました。

都内ではその程度でしたが、東北の各県では、大変な津波に襲われているのを、私もテレビで見ました。これは大変なことになったと思いました。東北では多くの方が犠牲になり、戦争状態のような感じがしました。

翌日、私の勤めている城南信用金庫でも、支店を含め、エレベーターが動かないなど、いろんなトラブルの報告を受けていたところ、福島の原発が爆発し、その映像がテレビに映りました。その時私は理事長で、大勢の部下と一緒に仕事をしていたのですが、一人の部下がこんなことを言いました。

「理事長、これは大変なことになりました。関東全域に、人が住めなくなる可能性があります。ただちに若い職員と家族を避難させましょう」

私はまず、若い人を先に逃がさないといけないと思いました。また、私どもには、東京と神奈川に住んでいる、100万人のお客様がいらっしゃいます。この人たちに対し、私たちはどうすればいいのだろうと考えました。

爆発からしばらくすると、政府関係者や電力会社の幹部たちが、コメントしはじめました。彼等は皆、東京大学など、一流大学を出た人たちでしょう。頭もよく、責任感もあり、立派な方々にちがいないと思っていたのですが、東京電力の経営陣は皆、「これは想定外の事故であり、われわれの責任ではない」という責任逃れの発言ばかりをしました。私は心底がっかりしました。

信用金庫という性質上、私どものお客様は、中小企業の経営をされている方が多い。社長さんは、裸一貫で仕事をはじめられ、部下と自分の会社を大切に育て、仕入れ先、販売先、そして地元の方々の支援を得ながら、ようやく事業を少しずつ拡大されてきた方が、ほとんどです。彼らは当然、何かあれば責任を取るのは自分だという自覚をしっかりとお持ちです。どんな理由であれ、自分の会社が事故を起こしたら、まず責任を取るのは自社であり、そのリーダーである自身であるというのは、あまりに当然の認識です。

ところが、日本を代表するエリート層、電力会社という大企業の経営者は、まず責任逃れをしました。これはもう、私からすると、信じられない光景でした。

さらに政府も官僚も、国民の健康被害を問おうとせず、本当の情報を隠しました。

本当のことを言えなかった菅元総理の苦悩

その間に、外国の会社の方々は、どんどん国外へ退去したり、西日本へ避難したりしました。外資系企業に勤めていた私の友人も、本国ドイツからの指示で家族とともに広島に避難しました。

私どものお客様に、世田谷の大変な豪邸にお住まいの方がいらっしゃいます。その方の長男と次男が、同じ敷地に住んでいたのですが、長男は沖縄へ、次男は九州へ、二人ともお孫さんを連れて移住されたそうです。先ほど戦争状態と言いましたが、疎開のようなこともあったのです。

爆発を起こした原発の立地する福島はもちろん、東京、神奈川など関東全域、そして東北は宮城、岩手といったそもそも地震で大々的な被害を受けていたところまで、大変なピンチに陥っていたのです。そのことを今では、私たち国民は、半ば忘れていますが、実際は、日本は破滅しかけていたのです。

当時の総理大臣は菅直人さんでした。原発事故の直後、菅さんがテレビで苦渋の表情を浮かべられていたのを、今でも私は覚えていますが、それを見た瞬間、私は、

「総理は本当のことを言っていないな」

ということがわかりました。私は長年、貸し付けの仕事をしてきましたので、嘘をついている人は、すぐにわかります。その勘が働いたのです。

震災から5年経った２０１６年、私は菅さんと話す機会があり、私どもの会社で講演もしていただきました。その時私は、菅さんに言いました。

「なぜあの時、本当のことを言わなかったんですか」

「あの時実は、首相官邸には専門家が集まって、５０００万人の避難計画を作っていたんです。それほど深刻な状況だったんですよ。しかし、それを実行すると、高齢者や病院に入院されている方々など、確実に数万人の方がお亡くなりになる。それを決断することは、私にはできませんでした」

菅さんがこうおっしゃるのを聞いて、戦時のような時にリーダーを任された方は、大変な

重圧の下、いろんなことをお考えになっていたんだなと思いました。

なぜ原発事故で情報操作が起きるのか

高度成長期以降、日本はずっと原発を推し進めてきました。そして、日本人が初めて「本当に大丈夫なのか」と大きな疑問を抱くきっかけになったのが、1986年、旧ソ連のチェルノブイリ原発事故です。

しかし、その時以来、歴代の総理大臣は、みんな口をそろえて言いました。

「日本の原発は大丈夫です。なぜなら日本人は優秀だからです。日本の技術は、非常に優れています。自動車もそうでしょう」

政治家たちは、たぶん本当にそう思い込んでいたのでしょう。かく言う私も、ずっとそう思ってきました。

それが大嘘だったことが、福島の原発事故で、明らかになってしまったのです。

以前は、新聞の一面広告で、名の知れた文化人や学者が、「日本の原発は安心です。日本の未来に原発は欠かせません」と、よく言っていました。これは世間への印象操作というだけではありません。このような広告を出すことで、電力会社から新聞社へ広告料として多額のお金が渡ります。結局これは、「お金をたくさんあげるから、事故が起きたら隠すように」ということなのです。電力会社は、そういう口止めを、大手新聞社とテレビ局に行ったのです。大メディアは忖度という形で従いました。これが日本のあまりに残念な現実です。

電力会社は、政治家にもたくさんお金を渡しています。電力会社は、多くの公共工事があるところなので、その下請けに払う工事費用のうちから、金を集めて任意団体を作り、そこから政治家のパーティー券を買っていました。私どものような銀行も、以前は政治家にお金を出していましたが、政治資金規正法ができてからは、出さなくなりました。それ以降も、パーティー券を買っていたのは、電力会社ぐらいです。そうなると、電力会社がこの国を支配しているのと同じです。まっとうなことなら、企業が政治に口出しするのもかまわないと思います。しかし、原発は話が違います。しかも電力会社は、原発に関しては、絶対に引きません。

また電力会社は、与党でも野党でも落選した議員を、資金の援助という形で面倒を見ます。国立大学の理工系学部にも莫大な寄付をし、学者も取り込みました。いろんな企業に対しても、利権関係によってつながりを固めてきました。

これで原発事故が起きないなら、特に問題はありません。しかし、原発事故は必ず起きます。２００７年７月の新潟県中越沖地震の時も、柏崎刈羽原発で事故は起きていました。放射性物質が漏れていたのです。地盤が浮き、冷却水のパイプも破損していました。

原発に関し、私たち日本人が、肝に銘じておかなければならないことがあります。それは、原発は地震に弱いということ。原発は絶えず原子炉を、水で冷やさなければなりません。温度が上がれば、メルトダウンしてしまうからです。

水はパイプで送らなければなりません。しかし、パイプはどれほど頑丈に作っても、地震で断層ができると、いともたやすく折れてしまいます。

原発ほど脆弱《ぜいじゃく》なものはない

日本はいうまでもなく、地震大国です。例えばイギリスの１００倍もの頻度で地震が起きます。

２０１６年４月、熊本で、１７９１ガル（ガル＝地震の加速度の単位で、瞬間的に人や物にかかる力を表す。阪神・淡路大震災で８９１ガル）というものすごく大きな地震がありました。原発はどのぐらいの地震で壊れるかと言えば、数百ガルと言われています。もし、熊本の震源近くに原発があれば、やはり大事故になっていたでしょう。

２００８年６月には、岩手宮城内陸地震があり、突然山が消えました。あれは、４０２２ガルの直下型地震です。

原発の建設にあたり、活断層がよく問題になりますが、あの宮城の地震は、活断層がないところで起きました。

つまり日本は、どこでも地震は起きうるということです。そんな地震の頻発する国に、原発など作ってはいけないのです。それなのに安倍総理は、日本の原発は世界一安全だと言ってはばかりません。

また日本の原発は、テロに無防備です。海外の原発では、一基につき70人ぐらいが自動小銃を持って警備していますが、日本ではそのようなことはしていません。

外国では、飛行機が突っ込んでくることを想定して、それをミサイルで落とす態勢を取っているところさえあります。日本には、もちろんそんな準備はありません。

ただ、相当警備を強化しても、原発をテロから守るのはきわめて難しい。

２０１８年７月、環境保護団体グリーンピースが、フランス南東部の原発で、スーパーマンを模したドローンを飛ばしました。原発がテロ攻撃に弱いことを示すため、デモンストレーションを行ったのです。ドローンは、原子炉のそばにある、使用済み核燃料貯蔵プールの建屋にぶつかりました（2018年7月4日付AFP通信）。

しかし、この記事のように建屋を直接攻撃しなくても、原発は簡単に破壊できます。例えば、ピストルの弾が送電線に当たり、2時間停電になっただけで、原発はもうメルトダウンします。原発は、絶えず原子炉を水で冷やし続けなければならず、電気ポンプで、その水を送れなくなるからです。

福島の原発事故で、日本人はそのことの大変さを痛感したはずです。冷却水を送るパイプが壊れただけで大事故につながり、それでもう世界は破滅の危機を迎えるのです。当時、自衛隊のヘリコプターが、壊れた建屋の上から水を投下するのを、日本国民は固唾《かたず》を飲んで見守ったではありませんか。

福島の原発事故の時、広島型原爆の168発分の放射性物質が空中に舞い上がりました。その時、たまたま西から風が吹いていたため、86パーセントの放射性物質が太平洋からアメリカの方に流され、辛くも日本の大部分は助かったのです。

もしあの時、東風が吹いていたら、関東全域は、おそらく双葉町のように人が住めなくなっていたでしょう。

自然エネルギーに変えないと、世界で相手にされない

原発には、経済的にも大きなデメリットがあります。おそろしくコストがかかるということです。

最近、原発に対する日経新聞の論調が変わったことを、皆さんは知っていますか。大手新聞で原発反対派は朝日、毎日、推進派は読売、産経、そして日経でした。ところが、少し前から日経は、電気は原子力エネルギーから自然エネルギーに転換するべきと言い出しました。

なぜなら、原発をやめて自然エネルギーに転換しないと、世界の国際金融市場から相手にされなくなっている現実があるからです。

世界は今、RE100、つまり再生可能エネルギー（自然エネルギー）100パーセントで経営をする企業でないと、まともに取り合ってもらえなくなってきました。しかし、日本にRE100の大企業は、わずか数社しかありません。本当はRE100にしたいのに、日

本には自然エネルギーが非常に少ないためそうできない企業がたくさんあります。

では、海外のエネルギー事情はどうなっているでしょう。福島の原発事故の前後で、世界に443基ある原発の数は、ほぼ横ばいで変わっていません。そして、稼働率がかなり落ちています。

一方、自然エネルギーは、福島の事故の前は、原発の数分の一しかなかったのに、その後急拡大し、今では原発1000基分、つまり、原発の2・5倍にまでなりました。特に広まったのは、中国、ヨーロッパ、アメリカなどです。

これほど急拡大したのは、安全面もさることながら、コストが非常に安いからです。アブダビで、中国の一流企業の最新型ソーラーパネルを使ったところ、1キロワット時あたり、3円を切ったそうです。

もちろん日本は、中東のように日差しが強くありません。それでも1キロワット時あたり、4〜5円にすることができるでしょう。今、皆さんの使っている電気は、1キロワット時あたり、26円ぐらいですので、いかに安いかがおわかりいただけると思います。

一方、ソーラーパネルもどんどん安くなっています。同時に、工費も安くなっているので、自然エネルギーへの転換が進めば、日本でも遠からず10円を切ると思います。

自然エネルギーを阻《はば》む「送電線の嘘」

日本は自然エネルギーの活用に関し、大きく立ち遅れています。利権にまみれた、いわゆる原子力村が、邪魔をしてきたからです。自然エネルギーを推進しようとする人たちが、全国各地で自分の土地などを使って自然エネルギーを送りたいといっても、電力会社が送電線に接続させてくれません。接続拒否問題とでもいうべき問題が起きています。

電力会社は、送電線はもう、既存の電気でいっぱいなのだと言います。でも、京都大学の安田陽《よう》特任教授が研究したところによると、実際には、送電線は８割方空いているとのことです。

「なぜ、８割も空いているのに使わせないのですか」

電力会社に問うと、向こうはこう答えます。

「これから原発が稼働する時のために、取っているのです」

２０１７年12月、私たち有志は、経産省資源エネルギー庁と電事連に抗議に行きました。

そして、「多少は変えましょう。空いている分は、とりあえず使えるようにします」という回答を取り付けました。このような傾向は、次第に進んでいくと思います。

全国で事業者が自然エネルギーを1キロワット時あたり5〜6円で生み、それを送電線に接続すれば、相当な利益が出ます。今電気の買い取り価格は、1キロワット時あたり18円ですので、かなりの儲けになるはずです。

儲かるとなると、自然エネルギーは、全国にどんどん拡大するでしょう。そうなれば、自ずと原発は絶滅するにちがいありません。

原発を減らしても電力不足にはならない

原発に関しては、たくさんの嘘がまかり通っています。例えば、推進派は、こう言います。

「原発を減らすにしても、2030年までは無理だ。急に減らせば、電気が不足してしまう」

しかし、この主張は、嘘もいいところです。

日本は2011年に福島で事故があってからは、原発は2基しか稼働していませんでした。翌年5月からの2ヵ月では、一基も動いていません。現在でも、再稼働9基の内、現在運転しているのは6基です。動かさなくても、何ら問題はありません。動かしたところで、原子力は全電力の1パーセントほどにしかすぎないからです。動かさなくても、まったく影響はありません。火力発電で、十分対応できるのです。

火力発電も、最近は石炭ではなく、ガスタービン発電が主流になっています。これは水素ガスが半分入っているため、二酸化炭素があまり出ません。また、エネルギー効率が非常に高く、石炭と違い、調整が自由にできます。フレキシブルなので、都市にぴったりです。コストも安く、1キロワット時あたり6〜7円。海外では、ゼネラル・エレクトリックが目を付け、商売の柱にしようとしたのですが、自然エネルギーがさらに上を行ってしまいました。

自然エネルギーの設備を作っているのは、主に中国です。例えば、ジンコソーラーという世界最大の太陽光パネルメーカーがあります。そして風力では、ゴールドウインドという大きな企業もあります。

自然エネルギー関連企業で、世界のトップテンのうち、5社ぐらいが中国のメーカーです。習近平国家主席が、今エネルギー革命を推進していて、ものすごい勢いで自然エネルギーに力を入れています。

原発はもう増やさない。多少は使うにしても、これからは自然エネルギーを1年間で原発200基分増やすと言っています。ソフトバンクの孫正義さんも、中国の自然エネルギー企業と組んで、事業を推し進めるようです。

石油王のロックフェラーの投資会社で、ロックフェラー兄弟財団というのがあるのですが、この会社も、もうこれからは原発ではなく、自然エネルギー100パーセントの方針で、活動していこうとしています。石油に事業の基盤がある大企業ですら、転換しようとしているのです。

資本主義の権化である投資銀行、ゴールドマン・サックスも、自然エネルギーに27兆円も投資するようです。

世界は、急速にそちらのほうへ向かっています。理由は簡単です。自然エネルギーは、儲かるからです。

すべての農家がセレブになる

原発から自然エネルギーに転換すれば、日本経済は潤い、再生します。今まで日本は、化石燃料費を年間25兆円も外国に支払ってきました。それがもう払わずに済むのですから、それだけのお金が日本に還《かえ》ります。

しかも、そのお金は電力会社や大企業ではなく、新しく自然エネルギーの事業を起こした中小企業や農家の方々に還ってきます。つまり、一般個人の懐に還ってくるということです。

世界は今、地方経済からどんどん再生し、再発展しています。ドイツやデンマークなどがそうです。これらの国は、自然エネルギーの地方協同組合を作り、起こした電気を都会に売って、大儲けしています。その金で、六次産業化（第一次産業である農水産業が、流通や販売などにも業務を展開すること）を果たし、若者たちも地元にとどまり、働くようになりました。

自然エネルギーを大量に生み出せるような土地は、日本にないだろうと思うかもしれませんが、そんなことはありません。

日本には、水田や畑など、４５０万ヘクタールの農地があります。そのうち42万ヘクタールは、耕作放棄地です。高齢化で跡継ぎがおらず、耕す人がいないからです。

一反（約1000平米）の土地で野菜を作って売っても、年間でだいたい10万円ほどの収入にしかなりません。3反でも、30万円です。

ところが、この土地に太陽光パネルを張り、電気を作ると、どうなるか。現状でも、収入が十数倍に増えます。設備投資を差し引き、従来通り、農業も続けていただくとして、少なくとも総収入は、10倍にはなるでしょう。

今、年300万円の農家の収入が、3000万円になるということです。これは都会でいうセレブの収入で、例えば、毎年高級車が買えてしまいます。そうなると、都会で暮らしていた若いお孫さんが、「僕は農業に関心を持つようになった」と言って、お嫁さんを連れて帰ってくるでしょう。お金が入ってくれば、最新鋭のオランダ型のLEDが付いたハウスを建て、そこで高級レストランに卸《おろ》すような無農薬の有機野菜を作ればいい。また、環境もいいので、子供も増えるでしょう。日本は少子高齢社会ではなくなり、年金問題も解消してしまいます。

このように日本経済は、地方から再活性化できます。

防衛の面でも、大きなメリットがあります、原発がなくなるのですから、これを狙うテロやミサイルの対策をせずに済みます。また、エネルギーが自給自足できるのですから、ホルムズ海峡などを想定しての、シーレーン防衛もしなくていい。自衛隊のために、もう空母を作らなくていいのですから、莫大な税金を使わなくて済みます。軍備を増強することは、結局、戦争の準備をすることです。これを減らせるのですから、要は、平和になるということです。

原発をやめ、自然エネルギーに転換すれば、本当にいいことばかりなのだと私は思います。

農地の上に太陽光パネルを付けるべき

あまりたくさんパネルを張ると、農作物を作れなくなると思うかもしれませんが、そんなことはありません。

定年退職後、慶應義塾大学で勉強された研究者、長島彬さんによれば、植物には、光飽和点があるということです。

植物は、光合成をおこないます。これは光を浴びて、二酸化炭素と水からデンプンを作る作用です。例えば、稲が米として実るのも、この作用です。

光合成には、ある程度の光が必要ですが、強すぎると、作用しなくなります。人間が強い光を当てられると目をつぶりますが、あれと同じことが植物でも起こるのです。葉物野菜だと、2万〜3万ルクスでちょうどいい。トウモロコシや稲だともう少し必要ですが、それでもあまり高いと、光合成をしなくなってしまうのです。

そこで長島さんは、地面全体を覆うのではなく、藤棚状になったソーラーパネルを開発し、「ソーラーシェアリング」と名付けました。これを農地の上に取りつければ、発電できる一方で、農地にも程よい光を当てることが可能です。

長島さんは農水省と掛け合い、通達ももらって、2013年からソーラーシェアリングを全国に広めはじめました。今では、約1000ヵ所で用いられています。

ソーラーシェアリングが一番たくさん取りつけられているのは水田ですが、もちろん、ほかの農地でも多く見られます。

先日沖縄に行ったところ、ソーラーシェアリングで、ゴーヤーを作っていました。沖縄は日差しが強いので、光をいくらかさえぎるとそれが効果的だったらしく、収穫が400キロだったのが1トンと、倍以上増えたそうです。

沖縄は野菜が育たないと、ずっと言われてきました。それは、土地がやせているからと言われていましたが、実は、日差しが強すぎるためかもしれません。

日本の農地450万ヘクタールすべてに、ソーラーシェアリングを取りつけたとしましょう。1ヘクタールあたり、約400キロワットの電気が生まれるので、計算すると、原発1800基分になります。これは日本の電力総需要のほぼ10倍に相当します。つまり、この10分の1の量で、日本の電力はすべてまかなえるのです。自然エネルギー、おそるべしと言うよりほかはありません。

10万年も保管が必要な使用済み核燃料

日本には、莫大な自然エネルギーがあります。太陽光、風力、潮力、地熱。地熱は世界第3位の量があると言われています。

例えば、ドイツと比較すると、日本にはドイツの9倍の自然エネルギーがあります。しかし第三章でご紹介した、アメリカのロッキーマウンテン研究所にいるエネルギー学者、エイモリー・ロビンス氏によれば、自然エネルギーの活用は、ドイツの9分の1しかできていないそうです。彼は、こう言います。

「日本はドイツから見れば、今の81倍もの自然エネルギーを創れるんですよ」

これが宝の持ち腐れでなくて、何でしょう。

私はここまで、主に太陽光発電のことを話してきましたが、自然エネルギーには、もちろん風力もあります。風力は、実は効率よく発電できます。世界でも、太陽光より風力のほうが、シェアが多い。風力発電機は、山の上に設置すると建設費がかかりますが、北海道などの原野だと安く設置できます。

原発推進派の人たちは、日本にはすでに原発が60基もあるのだから、使わないともったいないと言います。私は、これほど馬鹿げた言いぐさもないと思います。原発を稼働すれば、40年にわたって使用済み核燃料が出続けます。使用済み核燃料は、10万年も保管しなければなりません。

使用済み核燃料を保管するためには、地上に建物を作り、そこにずっと置いておかなければなりません。10万年間なら、建物を千回建て直さないといけないし、ずっと警備もしなければならない。気が遠くなるような、莫大なコストがかかります。

一言で10万年と言いますが、どれぐらいの長さか、想像がつきますか。例えば、今から5万年前、人間など、まだネアンデルタール人です。それより、もっと長い期間、保存し続けなければならないのです。結局、子孫にすべてつけを回す、無責任極まる発想です。

この無責任が、いまだに原発を推し進めようとする人たちの根底にあります。なぜなら彼らは、自分の利益や利権しか、眼中にないからです。

私は今のように、大金持ちだけがどんどん儲かり、貧しい人々がより貧しくなる社会は、おかしいと思います。

ごく限られた一部の人ではなく、地元に根差して暮らす一般の方々など、国民みんなが幸せになることが、大事ではないでしょうか。

私は、原発から自然エネルギーに転換することで、それが可能だと考えています。

「原発ゼロ・自然エネルギー基本法案」

第一　目的

この法律は全ての原子力発電の廃止及び自然エネルギーへの全面転換の促進に関する基本的な理念及び方針を明らかにし、国等の責務及び推進体制等を定め、もって、我が国エネルギー構造の転換を実現することを目的といたします。

第二　基本理念

東京電力福島第一原子力発電所事故によって、原子力発電は、極めて危険かつ高コストで、国民に過大な負担を負わせることが明らかとなり、使用済み核燃料の最終処分も全く見通しが立たない。また、原子力発電による発電量は全体のわずか1％にすぎず、重要性を失っております。したがって全ての原子力発電は即時廃止するべきです。

世界各国において、自然エネルギーへの流れが急速に拡がり、太陽光発電と風力発電で、すでに原子力発電の設備容量の二倍を超えている。我が国のエネルギー政策においても、新たな産業と雇用を創出する成長戦略の柱として、安定的な電源となる自然エネルギーへ全面的に転換する。

このようなエネルギー構造の転換は、温室効果ガスの削減による地球環境の保全と経済構造の変革を伴う新たな産業革命を実現し、国土とエネルギーの安全保障、国民生活と食糧・農業の安全保障をもたらし、将来世代にわたる国民の生命と健康が守られ、平和のうちに安心して暮らせる自然エネルギー社会の形成に資するものである。

第三　基本方針

一　運転されている原子力発電所は直ちに停止する。
二　運転を停止している原子力発電所は、今後一切稼働させない。
三　運転を停止した原子力発電所の具体的な廃炉計画を策定する。
四　原子力発電所の新増設は認めない。
五　使用済み核燃料の中間貯蔵及び最終処分に関し、確実かつ安全な抜本的計画を国の責任において策定し、官民あげて実施する。
六　核燃料サイクル事業から撤退し、再処理工場等の施設は廃止する。
七　我が国は、原子力発電事業の輸出を中止し、人類の平和と安全のため、かつての戦争被爆及び原子力発電所重大事故の当事国として、地球上の原子力発電全廃の必要性を世界に向けて発信する。

八　急速に進んでいる省エネルギーをさらに徹底させる。

九　太陽光、風力、水力、地熱、バイオマス等の自然エネルギーを最大限かつ可及的速やかに導入する。自然エネルギーの電力比率目標は、平成42年までに50％以上、平成62年までに100％とする。

十　地域経済の再生のため、各地域におけるエネルギーの地産地消による分散型エネルギー社会の形成を促進する。

第四　国等の責務

一　国の責務

国は、第二及び第三の基本的な理念と方針に則り、全ての原子力発電の廃止及び自然エネルギーへの全面転換を実現する責務を負う。そのため、次に掲げる法制上、財政上、税制上、金融上その他の措置を講ずる。

1　原子力基本法、原子炉等規制法、エネルギー政策基本法、経済産業省設置法等の改正を行う。

2　原子力発電の円滑な廃止のため、原子力発電施設を保有する電力事業者の企業会計等に関する特別措置を講ずるとともに、廃炉技術者の育成及び廃炉ビジネスの海外展開を支援する。

3 原子力発電関連地域及び関連企業の雇用確保、および関係自治体の経済財政対策を行う。

4 省エネルギーの徹底のため、全ての建築物の断熱義務化、公共施設の省エネルギー及び自然エネルギー利用の義務化等

5 自然エネルギーへの迅速な転換のため、自然エネルギーによる電気の送電線網への優先的な接続および受電、農作物生産と発電の両立を図るソーラーシェアリングの促進等

6 分散型エネルギー社会形成の為、エネルギー協同組合の創設及び同組合の設立支援等

二 地方自治体の責務

地方自治体は、国の施策に準じて必要な施策を講ずるとともに、地域の実情に即した施策を策定し、実施する責務を負う。

三 電力事業者の責務

電力事業者は、全ての原子力発電の廃止及び自然エネルギーへの全面転換の促進に自主的に取り組み、国及び地方自治体が講ずる施策の推進に全面的に協力する責務を負う。

第五　推進体制

一　推進本部及び推進会議の設置
内閣に、総理大臣を長とし関係国務大臣で構成する原発ゼロ・自然エネルギー推進本部及び有識者等で構成する推進会議を設置する。

二　推進本部及び推進会議の任務
推進会議は、全ての原子力発電の廃止及び自然エネルギーへの全面転換に関する基本計画を策定し、推進本部は、それに基づき、諸施策を確実に実施する。

第六　年次報告
政府は、毎年、全ての原子力発電の廃止及び自然エネルギーへの全面転換の推進状況に関する報告書を国会に提出しなければならない。

第七　附則
この法律は、公布の日から施行する。

「原発ゼロ・自然エネルギー基本法案」記者会見
（2018年1月10日13：00〜）衆議院第一議員会館多目的ホールにて

河合　私は、原発ゼロ・自然エネルギー推進連盟幹事長をしております弁護士の河合弘之でございます。

今日は、「原発ゼロ・自然エネルギー基本法案」を私どもで作成しましたので、その趣旨説明のために記者会見を開催させていただいております。

ここに列席しておりますのは、当連盟の会長である吉原毅氏、顧問の小泉純一郎氏、細川護熙氏です。宜しくお願い致します。

私たちの原発ゼロ・自然エネルギー推進連盟は、電事連の向こうを張って「原自連」という略称にしております。そして、私たちの原自連は、日本国内の原発ゼロを求める諸団体と自然エネルギー推進を行う諸団体の連合組織であります。加盟は、確定的な数字では２０７団体。それもまだ日々増えております。

私たちは、脱原発も自然エネルギー推進も日本国中の人たちが、もしくは諸団体が団結して推進すべきだという理念のもとに、こうした連合組織をつくりました。昨年の４月に発足したわけですが、それ以来、講演や映画の製作、上映、それから脱原発訴訟の支援、現地調査や研究会、東京都や資源エネルギー庁、電事連への提言や申し入れなどをしてきました。

そのような国民運動を展開しているわけですが、国民運動の一環として最後は法律が重要で、法律で国の方向をきちんと決めなければダメだということです。脱原発と自然エネルギーの全面的な推進を国家の基本法として決めようではないかということを考えて、いろいろと研究しました。各政党の最近の選挙公約や、ドイツ、フランス、スイスなど諸外国の立法例なども調査して、密度の高い討論を重ねた結果、今回、すべての原子力発電の廃止及び自然エネルギーへの全面転換の促進に関する基本法案というものを取りまとめました。

略称は、「原発ゼロ・自然エネルギー基本法案」です。その法案の内容について、会長の吉原から説明をさせていただきます。皆様のお手元の資料をご覧になりながら、お聞きください。

吉原（法案説明）

河合　以上が、「原発ゼロ・自然エネルギー基本法案」の概要であります。

私たちは、この基本法案に対して、広く国民の皆様にご理解ご賛同いただきたいと希望しております。そして熱意をもって訴えていきたいと思っております。私たちは、この基本法案を各政党にお届けして、与党野党の区別なく、各党一致して超党派でこの基本法案を国会へ提出し、成立させ、一日も早く原発ゼロ、自然エネルギーへの全面転換が実現することを念願しております。

今、読み上げた骨子は、並んでいる小泉氏や吉原氏、その他、多くのメンバーによって何時間もかけて討論した成果であります。これを立憲民主党、希望の党、その他すべての党、自民党の方々たちにも呼びかけて、これをまず国会に提出するところまで持っていきたい、と考えているわけでございます。以上、私どもの基本法案の骨子を申し上げました。

あとは、自由に皆様方のご質問にお答えする形で進めたいと思います。

私や吉原はご説明しましたので、できれば隣に座っていらっしゃる方に重点的にご質問などお願いできれば活気づくかなと思いますので、よろしくお願いいたします。

記者 今日出された法案について、自民党の方にも説明されるとのことですが、今年の9月に総裁選が行われることになっています。新しい総理大臣に対して、総理経験者の小泉氏と細川氏は、この法案に基づいて、どのように原発問題に取り組んでもらうことを期待していますか。

小泉 私は、安倍総理に対して原発ゼロを進めていくべきだと言っているんですけれども、今までの言動を見ていると、もう安倍政権では原発ゼロを進めるのは難しいのではないかと思っています。

しかし、いずれ近い将来、必ず原発ゼロは国民多数の賛同を得て、実現すると思っていますから、次の総裁選はどうかわからないですけど、いずれ国民の声をしっかり受け止めようという総理大臣が出現すれば、この原発ゼロの方向に持っていくに違いないとそう思っております。

そのために、われわれ原自連は今年も積極的に国民運動を展開していこうと思っています。

記者 小泉氏にお伺いしたいと思います。2点お伺いします。

今回の目標、かなりハードル高いように思いますけれども、もしご自身が現役の総理大臣だったら、これは実現できたことだったでしょうか？

もう1点は、原発ゼロの法案といえば、立憲民主党が原発ゼロ基本法案を通常国会で出そうとしています。立憲民主との連携あるいは協力について、どのようにお考えでしょうか？

小泉 「原発ゼロは、「ハードル高い」って言いますけど、高くないです。

2011年3月の事故が起こって以降、今年の3月で7年になりますね。今まで、あの事故以降、日本はほぼ原発ゼロでやっているのです。

実質上、北海道から九州まで、原発はほとんどゼロに近く、具体的にいうと、2011年

3月から2013年9月まで、日本にある原発54基のうち、たった2基しか動いていませんん。原発推進論者は「原発ゼロでは日本はやっていけないよ。停電起こったら国民は困るよ」と言っていた。しかし、自然エネルギーをバカにしていた推進論者は、「自然エネルギー、太陽だって風力だって2%そこそこじゃないか。原発は30%電気を供給していたんだ」と言っていながら、あの事故以降、2013年9月までたった2基で2%も動いていない。2013年9月から2015年8月までの2年間は原発ゼロ。そして、2015年8月から今日まで再稼働は4基でしょう。推進論者がバカにしていた自然エネルギーよりも低い。その間、北海道から九州まで、1日も電力が足りなくて停電したことはない。ということは、日本は原発ゼロを宣言しなくても、自主的に原発ゼロでやっていけることを証明しているんだ。これがどうしてわからないんだ。不思議でしょうがない。

しかも、政府自民党も、選挙の公約で、あの事故を機に「できるだけ原発の依存度を低くする、軽減させる」と言っているんですよ。ところがつい最近、経産省、何と言っている？ これから原発の電源は基幹電源といって将来20〜22%程度原発の電力を供給する体制をつくっていく。かつて原発50基が動いていて30%を供給していた。20%の電源を原発でやっていこうとしたら30基ぐらいつくるの？ これから。再稼働だけじゃない。増設、新設できるわけじゃないでしょ。そういう方針をとっているということは原発の依存度を低くしているということではない。逆のことをやっている。よく恥ずかしくないなと。呆れているんだよ、私は。

なんて馬鹿なことをやっているのか。しかも、原発を輸出して政府が保証すると言っているんですよ。こういうことに憤りを感じているから、私は国民運動をこれからますます展開していかなければならないと考えている。原発ゼロのハードルなんか高くない。現実にやっちゃっているんだから。政府がその気になれば、日本はこの法案に書いてある2050年ですか、あと三十数年おそらく官民挙げての協力で、日本は全電源を太陽・風力・水力・地熱等の自然エネルギーで発展できる、経済成長できるという、新しい国づくりができると私は確信している。

各党との連携ですが、これは今回、立憲民主党が国会に出して、「何故、原発ゼロをやらないのか。自民党政府の言っている公約と違うじゃないか」と政府を追及すれば、自民党だってうかうかしてられませんよ。そういう意味では、これから原自連の活動は、今後の新しい日本の国づくりについて大きな影響を与えるはずで、そのために我々も微力を尽くしていかなければならないと思っております。

河合 立憲民主党との関係はどうするのかということについては、いかがですか。

小泉 これは、どの政党であれ、原発ゼロ・自然エネルギー推進に全力で取り組むのであれば、我々は協力していきたいと思っております。

記者 2つ質問させてください。この法案を実現させるにあたって、一番の課題は何だとお考えでしょうか？ また、この法案が通った場合に、廃炉にするにしても、自然エネルギーを推進するにしても、お金も必要だと思うのですが、そういう財源などはどのようにお考えでしょうか？

小泉 これは、法案に書いてあるように、政府がまず方針を決めて、有識者を集めて、今まで原発で潤っていた地域の廃炉後の地域再生問題、そしてこれから原発ゼロにしても、中間貯蔵施設とか最終処分場の問題、事故の後、フレコンバッグ、たくさん山積みにされている被災地でそういう中間貯蔵施設というのは政府を挙げて、官民協力して作っていかなければならない。こうしたお金は、原発に投じたお金に比べればはるかに安い。今までコストが安いから原発を動かしてきた。ところが今、逆になってしまった。いかなるお金を使っても、いかに金をかけても原発を維持しようと転換してしまった。逆のことをやってしまった。政府が決めたことだから推進すれば、すぐにできますよ。

河合　今のご質問ですけども、できれば超党派で、なるべく多くの政党の賛同のもとに国会に提案することが一番重要なことだと思っております。何故ならば、この「原発、是か非か」の議論を、国会の場で正式に討論をしたことがないのです。それが、全部ブロックされていたわけです。民主党の時もなかった。

まず、国民的議論をすることが大切。国会で本当に真正面から討論することによって、国民のこの問題に対する意識を覚醒させることが重要で、それが上手くいけば、場合によっては、一気に脱原発の方向に進む可能性があると考えております。

それから2番目の経済的な問題として、私どもが討論する中で、電力会社をただ悪者にしていたのでは解決しない。電力会社が原発をやめていけるように、例えば原発関係資産の減価償却、脱原発を決めれば全部除却損を出さなければいけない。それを一気に出すようなことをさせれば、バランスシートがすぐに崩れて、上場廃止とか深刻な問題になるので、それは40年かけて減価償却するとか、そういう方法を考える。それから、場合によっては、本当に逸失利益というようなものがあるのであれば、これは国民が全体で国策として原発推進してきて、そしてそれをやめるという時に実際に損害が出るのであれば、ある程度の塡補、合理的な金額の補塡、そういうことまで考えて、それから先ほど小泉氏が言った原発立地地域の経済の保全ということも考えながら、国民的にも負担をある程度しながら、やっていかなければいけないと私どもは考えているのです。

吉原　質問の最後のところで、巨額な資金が必要になるというお話がありましたけれども、諸外国を見ましても、ゴールドマンサックスは27兆円、あるいはシティバンクは16兆円という形で自然エネルギーに対する巨額な資金が、民間の金融機関から投資されているわけですね。

ですから、原発ゼロという方針さえ決まれば、民間から莫大な資金が出てくるはずです。原発に見合う自然エネルギーの設備投資はおそらく十数兆円で足りると思うのですが、そのぐらいの資金は民間で十分に賄えると思います。

記者　小泉氏にお伺いします。まず、以前から原発テロ対策が不十分だとおっしゃっていて、今の北朝鮮の脅威が到来する中で、安倍政権が再稼働に邁進していることに対してお伺いしたいのと、その安倍政権の方針を変えるチャンスが昨年の総裁選だったと思うのですが、小池百合子都知事と会って新党ができた時に、この原発ゼロを旗印にしていれば小池総理が誕生していて原発ゼロが実現していたような気もするのですが、その当時の振り返りについて。もう1点、もう一回リベンジ、再チャレンジをする会見が今日なのではないかと思うのですが、今後、野党統一結集の旗印に原発ゼロがなるのかどうか、その3点についてお伺いします。

小泉　一番早いのは、自民党が原発ゼロを進めることですよ。これは不可能だと思っている人が中にはいるかとは思いますが、そうじゃないです。総理が今原発を進めているから仕方ないなと思っている議員が多いだけであって、強力な推進論者も中にはいるけれど、もし来るべき総理が原発ゼロを進めていこうという方針を出せば、自民党はガラッと変わります。その動きというのは野党がどう出るかですね。

この原発問題が選挙の争点になった場合、推進論で政権を取るための多数の議席を確保できるかということを自民党議員は必ず考えます。それはそんなに遠い将来じゃないと私は思っています。

小池都知事の話がありましたけど、それは党が原発ゼロでやっていくという方針を示せば、原発ゼロでやっていけるという大きな影響力を与えるなと思って、小池さんが原発ゼロって公約を出したので頑張れよと。それで、話しただけなんですよ。一番力のあるのは政党ですよ。この場合に自民党は今、多数を占めているから野党がやっても無駄だよって言う人がいますが、そうではないんですよ。国会で議論が始まれば国民も目覚めますよ。最終的には国民多数の声を聴かないと日本は民主主義の時代ですから政権は取れない。そういう動きが出てくるまで我々は粘り強く、諦めずにこの運動を展開していきたいと思っています。

記者　9月の自民党総裁選でも、原発ゼロを掲げた候補が出て自民党がガラッと変わる可能性もありますか？

小泉 それは将来出てくるでしょう。その時までにどうなっているか。変化にどう対応していくか。これからの動き次第ですね。

記者 2点質問です。1点目が、国会に法案提出を目指される際に、できるだけ多くの党と足並みを揃えてということですが、例えば1月に召集予定の通常国会会期中を、一番に重きを置かれるのか？ それとも、通常国会に間に合わなくても、できるだけ多くの党を、時間をかけて集めていくことを優先するのか？ 2点目は、近々、民意を問う場面としては、来年の統一地方選とか参院選があるかと思いますが、そういう時に原発即時ゼロを旗印にした超党派の共闘を促したり、政策協定を結んだり、そうしたお考えはあるでしょうか？

河合 まず1番目のご質問に対して、私どもは次の通常国会に提出するようなスピード感をもっていきたいと思っております。その時までに、なるべく多くの政党に呼びかけ、すり合わせをして法案を提出したいと考えております。ゆっくりやっている場合じゃないという風に考えております。

２番目のご質問についてどうぞ小泉さんから。

小泉　通常国会で立憲民主党がゼロ法案を提出すると言っていますから、その動きがどこまでいくのかという点もありますけど、あと参議院選挙が来年になるんですよね。これを野党がどう見るか、政権を取るためにはどういう政策が必要か、ということを考えればわかると思うんだけどね。

記者　どういう風にされます？

小泉　原発ゼロをはっきりと主張せずに、今の状況で政権を取ることができるのかと思うんです。いつ気づくか。そうすると、もし（原発ゼロを旗印にした）野党統一候補が出て、自民党が考えを改めなければ、選挙の結果はわかりませんよ。

記者　小泉氏と吉原氏に伺いたいのですが、３・11の事故があった後に、原発ゼロにすることを真剣に考えて、これをバネに再エネ大国になるんじゃないかという空気が日本国内にあったと思います。それが今振り返ってみると昔つくったダムを除けば、再エネは殆《ほとん》ど進んでいないのではないかと思うんですが、小泉氏から見て、何故進まないのか、今の状況をどのように見ていらっしゃいますか？　そしてどうやったら進むか、２０５０年に１００％までいけると思うか、皆さんの考えを教えてください。

小泉

再エネが進まないのは、今の政権、自民党が原発推進勢力に動かされちゃっているということです。しかし、水力というのも今は眠っていますよね。私は、最近、水力発電の重要性に関する本を読んだんだけどね、日本はダムをつくった。そして大きなダムをつくるにはその地域のふるさとをなくしてしまうと。

しかし、そのダムを推進していた竹村（公太郎）さんという旧建設省のダムの専門家の本を読んでみたんだけどね。日本ほどダムや水力発電に恵まれた国はない。しかも、今までつくった大きなダム、これは一番丈夫なんです。あのダムは、鉄筋コンクリートよりも丈夫なんだということを竹村さんの本を読んで知りましたよ。なぜ、大地震があっても阪神・淡路大震災、多くの大震災でもビルが壊れても、鉄筋コンクリートよりもあのダムは丈夫なのか。初めて知りましたよ。鉄筋コンクリートはね、コンクリートにひびが入ると鉄が錆びて傷む。ダムは鉄筋を使っていない。岩盤と一緒で100mぐらい厚いそうです。あるいは、治水に効果がある。発電については殆どもったいないほど使っていない。今までも、これからも大きなダムをつくる必要はない。村をなくす必要もない。地域の小水力、水力によって日本は一番いい電力態勢ができる。そういう本を読みましたよ。

太陽光、風力、地熱、そして水力、眠っている資源を生かしていないのが残念。これは必ずだんだん国民に理解されると思います。水なんて無限だ、雨が降って山と水、山と海、もう自然の資源に恵まれている日本を、自然エネルギー大国にできるのにやらないというのは、実にもったいない。しかし、いずれわかれば国民は支持しますよ。推進論者は、もう「原発がなければ」なんてバカなこと言わないの。どんなに金がかかっても原発維持したい勢力に蹂躙《じゅうりん》されているのが悔しくてたまらないね、私は。早く目覚めてほしいと思っています。

河合　今の質問について、もう一つお答えすると我々の共通認識です。

なぜ、日本で自然エネルギーがこんなに発展しないのか。世界になんでこんなに遅れているのか。これは、もう原因はただ一つ、政策障害だけです。陰に陽に、いろんな規則や政策が、自然エネルギーの足を引っ張っている。象徴的なのが、系統連系をいろんな理屈をつけて妨害している。一番端的なのが、「空き容量ゼロです。電線がもういっぱいです。まだ動いていない原発ですけど、もうすぐ動きますから」って嘘を言って、捕らぬ狸の皮算用をして、「はい、再稼働予定分」、「はい、新設予定の分」と入れて、「あと十数パーセントしか残っていません。空き容量ゼロです。だから電気受け入れられません」というような政策障害がなければ、日本の自然エネルギーは、来年には倍になり、再来年には4倍になるというのが我々の共通認識であります。

私たちは、こうした政策障害を無くすために、この基本法案の提案をするということです。

吉原　実は、世界では自然エネルギーが大発展していて、原発は、ほぼ400基で設備容量は横ばいです。つまり400ギガワットが世界での原発の設備容量なのですが、それに対して、ここ数年であっという間に、太陽光と風力が急増し、この2つの自然エネルギーの合計が940ギガワット、つまり原発の2倍以上に、一気にロケットのように設備容量が拡大している。世界の一流会社では、100パーセント自然エネルギーで経営をやっていくという方針をどんどん表明していまして、COP23で明らかになりましたが、自然エネルギーに関心のない日本の企業は、もはや世界の投資家からも相手にされなくなっている、という非常に厳しい状況にきております。日本の大企業も、これからは自然エネルギー100パーセントで経営をやっていくことを宣言していかないと、世界の国際金融市場から相手にされない、そういう状況にきていることを、日本企業としても考えていかなければいけないと思います。

記者　小泉元総理に伺いたいのですが、今から4年前、細川護煕元総理と一緒に都知事選を戦われました。あの時は残念ながら敗れました。ただ、その後、小泉さんは全国各地を講演に回っていろいろな方々と接触して、ネットワークを築いて今日を迎えていると思います。小泉さんが全国を回って、肌で感じた国民の中のうねりとはどういうものであったのか伺いたいです。それからもう1点、今日この法案を発表して、ようやく国会で脱原発についての議論が始まる年を迎えると思います。これがどういう年になるのか、どういう意味を持っているのか、この2点をお聞かせください。

小泉　私は、細川さんの選挙応援で都内を回っていましたが、あの時も、東京都が原発ゼロに踏み切れば全国的な影響を与えることができる、ということで応援したんだけれど、あの時の聴衆の熱、また真剣な原発ゼロに対する想いに非常に励まされたね。残念ながら敗れたけれどね。「ああ、これで小泉もおしまいだ」という声もあったし、「もう脱原発論なんて、無駄なことはするな」という話も聞いたんだけれど、私は全然くじけなかった。あの聴衆の熱気を見て、これは原発ゼロは根強いなと思って、北海道から九州までいろいろ講演に回っていますけど、行くところ行くところ、予想以上の人々が会場に来てくれて、耳を傾けて、帰るときは「頑張って！　頑張って！」と声援を送ってくれます。それも、減るどころか増えている。熱気が増えている。熱気がわかる。エネルギーがある。自然エネルギーも大事だけど、原発ゼロの国民のエネルギーが高まっているのを肌で感じた。

あれ以来、私も後期高齢者になったし、あんまりあちこち行く気がなかったんだけれど、あの人々の熱にふれて、逆にエネルギーが出たね。月に3回は講演をするかと思ったんだけどね。去年の10月なんて10回、11月は8回。なんでこんなに増えちゃったんだろう。2～3回は半年前1年前から決まっていたのだけど、知っている人から頼まれると断れない。行くところ、行くところいっぱいだからね。11月だったかな？　山口県の市民団体。3・11の事故の起こる前から「原発は危険だからやめろ」と言っていた市民団体から講演依頼があったんですよ。山口県は、小選挙区4人、参議院2人、山口県選出の議員は全員自民党なんですけれど、「我々反対運動を続けているんです。ぜひ来てください」と言われ、総理の地元だから行けないいんじゃないかと思ったんだけど、あんまり熱心だから行くかと。行ったら、すごい人ですよ。自民党の全議員が原発推進だと聞いているけど県民は違う。これは根強いなと思ったね。だから今年は、国会でこの国民の声を受け止める政党が必ず出る。その熱気によって政治は変わる。意思によって変わっていく。それに僅《わず》かながらでも期待があれば、その期待を後押ししようということで、今日の原自連の記者会見になったと私は思うのです。もうダメなんて全然思ってないですよ。

ますます、この原発ゼロのエネルギーが高まっていく。このエネルギーは必ず日本の政治を変えてくれる。そういう元年にしたいと思って、私は今日やってきたんです。

記者　小泉元総理にお伺いします。昨年末に新潟県柏崎刈羽原発第6、7号機に原子力規制委員会で再稼働審査の合格が出ましたが、東京電力といえば、福島の事故を起こした当事者です。そこに適格性ありというような判断を下したのは非常に大きな決定だと思いますが、こちらについての受け止めをお伺いしたい。

小泉　これはね、規制委員会、原発会社、政府、どこに責任があるのかはっきりしていないところに問題があると私は思っている。

政府に責任はないのか、東電なのか、規制委員会に責任はないのか。普通、我々も規制委員会はいろいろな審査で安全かどうか判断すると思っていた。そうしたら、九電の再稼働の審査で当時の委員長が「審査は合格したが安全とは申し上げられない」と言ったよ。これに私はビックリしたね。規制委員会が、「新しい安全基準を通ったから合格しました。でも安全とは申し上げられない」。

政府は、「規制委員会で合格した。日本は世界で一番厳しい安全基準をもっているから安心。だから動かす」と言う。ここが問題なんですよ。それに、国が保証しないと、原発会社は金融機関から融資を受けられない。もうわかっているんだよ。原発が危ないっていうことは。事故が起こった後、政府は事故調査・検証委員会をつくった。その時の委員長が報告を出した。委員長曰く「事故というものは起こりうるというものは起こる。起こりえないものでも起こる」。国会も事故調査委員会をつくった。黒川博士が委員長だったでしょ。その黒川委員長がはっきり言っているでしょう。「あの東電の事故は地震が原因。津波が原因。天災ですか？」と質問されて、何と答えたと思う？「人災だ」と黒川委員長ははっきり言ったの。たしかに地震、津波の影響はあるけど、この程度の地震対策、この程度の津波対策じゃ安全とは言えないという議論が社内にあった。安全対策が不十分だから、あの大きな事故になった。だから、「これは人災だ」とはっきり言った。そういう反省がないまま、また再稼働しようとしている。しっかりとやるんだったら政府が責任を持つ、原発会社が責任を持つ。でも現実には、原発会社は責任を持てない。何かあったら国民に負担を求めようとしている。電気料金にしても事故対策にしても全部そうですよ。どんなに金がかかってもやろうとする。

「もんじゅ」なんて見てごらんなさい。30年前ですよ。もう「三人寄れば文殊の知恵が出てくる」「原発の燃料が、もんじゅによって再利用できる」と言っていたのは。永遠のエネルギーだったのが、30年かかってダメだって結論が出ている。廃炉の勧告をされちゃった。10年でできるはずが、30年でようやくダメだ、できないとわかって、廃炉勧告を受けたんですよ。その間、30年、1兆1000億円。全部税金ですよ。そんなの原発のコストに入っていないんだから。原発を立地するために、三法つくって税金を与えてもやろう。それもコストに入っていなくて、「原発コストは安い」と言った。このウソを、また平気でやっているっていうのがわからないね。
しかし、このウソはいずれ、国民もはっきりわかるようになると思います。だから今後、国会で議論がどう展開されるのか、私は大きな関心を持っていますし、また、早くこの原発推進論者のウソを国民が見抜いてくれるように期待しながら見守っていきたいと思います。

記者 私は、吉原氏に質問させていただきます。お伺いしたいのは、実業界のリアクションについてです。この法律の議論を受け取る企業側にも、いろいろな考えを持っている企業があるでしょうが、そういった実業家、企業家の方々にこの法律についてのメッセージを頂けたらお願いします。

吉原 原発ゼロは、決して難しくありません。ハードルも高くありません。かつて金融危機の時は、110兆円の不良債権を償却しました。かつて、国鉄の民営化の時も37兆円の大変な損失を償却しました。それに比べれば、原発の事故さえ起こさなければ、原発の資産を処理することは極めて容易にできます。減価償却、その他会計上の処置があれば、銀行もそして大企業も電力会社さえも赤字に陥らずに、ソフトランディングは十分に可能です。そして、直ちに原発ゼロに方向転換すれば、必ず自然エネルギーによって日本経済はどんどん世界と同じように発展することができます。エネルギーの安全保障も可能です。

そして、本当の意味での安全保障、つまり、ミサイルやテロに原発を狙われることも一切なくなります。そうした点を考えれば、これは超党派で是非取り組むべき課題である。また、経済界の人も大ビジネスチャンスという風にとらえなければならないと考えています。

河合　補足しますと、自然エネルギーは、今まで大気汚染NOX（窒素酸化物）とかCO2対策にいいと言われていたわけですが、今や環境問題を離れて「自然エネルギーは儲かるからやらなきゃダメだ、経済の競争力、特に国の経済の競争力の問題になってきたんだ」ということを、私たちは声を大にして訴えています。世界中が、燃料費タダの電気を大量に作って、そして国をまわしつつある時に、毎年20兆円から25兆円の化石燃料を使っていてどうするんだ。そんなことでは日本は沈没してしまうんじゃないかというマクロ的な考えと、現に自然エネルギーをやると儲かるんだ、乗り遅れると損するよ、特に「IoTを使って自然エネルギーをコントロールしていけば、付加価値が高くついて儲かるんだよ」ということを経済界全体に訴えたい。そのことは、実は日経新聞とNHKはもうわかっている。日経新聞は、脱原発とは言わないけど、自然エネルギーについてすごく世界の情報を伝えるようになった。NHKもそうです。そういう動きが経済界の中で出てきているということを、我々はさらに拡大したいという風に思っております。

記者 核燃料サイクルからの撤退も打ち出していますが、民主党政権の時に、これが上手くいかないということで、結局、脱原発の大きなネックになっていたと思うのですが、今回、この問題をどのように解決していくのか、再処理工場の問題も含めてお考えを聞かせてください。

河合 その点につきましては、特に青森県との約束があって、「再処理しないのだったら今まで青森に持ち込んでいた使用済み燃料を全部元の原発に戻せ」という話があるということを聞いて、当時の首相の野田（佳彦）さんは腰が砕けた訳ですよね。しかし、事実は電力会社との約束であり、国との契約ではなかったのです。

我々は、その問題については、経済的な償いをきちんと誠意をもってする。そして再処理をやめても、すぐにあそこから持ち出さなくても済むような話し合いをすべきだと思っています。法律的に言いますと、事情変更の原則というのがあって、「契約した時から大きく契約の基礎が変わったようなときには話し合いによって変更してもいい」という法律原則があるわけです。この事情変更の原則を適用して、誠意をもって「再処理をもうやめます。だけど、なかなか持ち出せません、じゃあ、そのための償いはどうしますか？　どういう補償をしましょうか？　どういう産業振興をしましょうか？」という形で話し合えば、必ず解決できます。元々は経済的な問題で青森の方も再処理施設を呼び込んできたわけですから、それに勝る経済補償を誠意をもってすれば、それはできると思っています。したがって、青森県との話は再処理をやめない理由、核燃料サイクルをやめない理由にはなりえないという風に考えています。

もう一つ、核燃料サイクル、再処理をいつまでも進めて、プルトニウムを増産し続けるなどということは、今の世界の大きな流れの中で決して許されないことだという風に考えています。再処理もやめる、核燃料サイクルもやめる、その政策変更による損害は国民が話し合いながら負担していく。そういうことをしていかなければ、「契約なんだから約束は守れ」「それは守れない」などという話を繰り返していても、非生産的な話だと私どもは考えております。

記者 小泉元総理にお伺いします。今の質問に絡むことだと思うのですが、今年は日米原子力協定が発効30年を迎えまして、期限が切れます。巷では自動延長ではないかという風に言われているのですが、この延長の必要性について小泉元総理はどのようにお考えかということと、原発ゼロをする際に米国の意思は、その障害になるのかならないのか。日米関係を重視しておられた小泉元総理の見方を教えていただければと思います。

小泉 アメリカ政府は、日本政府がはっきりと意思表示をすれば従います。

河合 小泉さん、僕が前に同じ質問をしたときに、アメリカが日本の電気の作り方なんてそんなに介入してくるわけがないんじゃないか、軍事問題ならともかく、ということをおっしゃっていましたよね。今でもその考えにお変わりありませんか？

小泉 変わらないというかね、アメリカは日本の主張に耳を傾けますよ、真剣に言えば。アメリカの原発推進勢力もあるから、それに動かされて仮にアメリカ大統領が反対しても、日本が、「かくかくしかじかの理由がある、日本はこういう風に対応するんだ」と言えば、必ず尊重します。

記者　では1点だけお願いします。あの原発の推進委員側の最大のロジックとは何かについて教えてください。経済的なことなのか、軍事なのか？　特に政治サイドが全く動かない理由というのを小泉氏に伺いたいと思います。それから、それをどう崩すのかというのを教えてください。

小泉　それは「原発産業は自分たちの企業の利益になる」これが一番の原動力なんですよね。「推進したい、やめたくない」という。第一、原発一基作るだけで今まで5000億円かかったわけだけど、これから安全対策するとだいたい1兆円以上はかかるだろうというのが、大方の専門家の見方ですよ。そうすると、鉄、セメント、さまざまな事業、それに協力する会社は無数ですからね。短期間で見れば、仕事が増えると喜びますよ。それに対して、政府が全面的にゼロ方針をやって責任をもつ体制にすることによってはじめて、国民が「原発ゼロのための自然エネルギーの費用だったら負担しよう」という空気が出てくると思う。

記者 政治サイドとして、軍事インセンティブというのがやはり大きいのでしょうか。

小泉 私はね、原発が軍事的にプラスになるのかわかりませんね。むしろ逆じゃないかと。今、いつテロがおこるかわからない。武装勢力も、なかなかやみそうにない。そういう場合に、沿岸に原発をつくっているんだけど、民間の航空機がハイジャックされてニューヨークの大事件のように原発施設狙われたらね。これは、日本の原発というのは、日本国民に向けた原爆を持っているようなものですよ。そういう被害がないことを願っているけどね。危険施設をもっているわけ。そういうことを考えても単なる経済的利益の問題じゃない。安全保障を考えても、原発は一日も早くやめた方がいい。そう思いますよ。

河合 今のご質問ですけど、原発は核兵器の開発の潜在的能力を保持するために必要だと、そういう議論についてどう思うかという質問なのかと思いますが、私どもはその点についてもいろいろと考えております。核兵器製造の潜在的能力というけれども、ちょっと想像力を働かせてみればわかることですけど、まず、核兵器を作るには核実験しなければいけません。「日本はどこで核実験するんだ」ということを小泉さんは僕との対話の中でおっしゃっています。

それともう一つは、核兵器を日本が持った時の世界的な反応に想像力を働かせてみてください。まずNPT（核拡散防止条約）から離脱しなければなりません。それから、ISも北朝鮮もインド、パキスタンもすべての国に原爆、核兵器を持つことを禁止する論理がなくなってしまいます。で、もし日本が核兵器を持てば、世界中に核兵器が瀰漫《びまん》する社会を容認することになります。そんなことになっていいのでしょうか。そういう想像力を働かせれば、核兵器の潜在的開発能力を保持するために原発が必要だという議論は子供じみた議論だという風に私たちは思っています。

ただ、この話は、実は深刻な問題で、本当の保守のいわば腹に一物をもっている人たちはこのことを絶対に議論しないで、信念を変えないという問題があります。したがって、脱原発となって初めてそこがガッと牙を剝いて止めにかかる、というそういう関係にあります。私の個人的な願望は、この議論は公の場に引っ張り出すことによって叩き潰さなければいけない。これを議論しないからいつまでも沈殿していて澱《おり》のように溜まっていて、そしていざ脱原発という時に頭を持ち上げるそういう関係にあるというように考えています。

記者　小泉元総理に伺いたいのですが、本件がいよいよこれから政治の舞台に入って議論される。素晴らしいことだと思います。一方で、やはり自民党をどう動かすかというのがかなりポイントになるかと思います。もともとこちらには中川（秀直）先生がいらっしゃいますし、自民党にいらした方として、具体的にこの人に働きかけたい、あるいは部会でもいいですけど、こんなところに働きかけたいというお考えはあるのでしょうか。もし下から動かすのが難しければトップを動かすということで9月総裁選が迫っていますけれど、それに向けて安倍さんもそうですけれど、石破（茂）さんや野田（聖子）さん、岸田（文雄）さんもいろんな名前がすでに挙がっていますが、こんな方々に連絡や働きかけの考えがあるかお聞かせください。

小泉　よく言われるんですけど、その質問は。私は政党なり、政治家にじかに働きかけるよりも国民全体の状況を変えていこう、そのほうに専念しようと思っています。本来、自民党が長年政権を担当してこられたのは、国民の声を聴いてきたからですよ、熱い意見を。そのほうに向かって力を注いでいきたいなと。
各議員だって選挙が控えているんですから、いずれこの重大問題に気がつくであろうと期待しています。

河合　これをもって本日の記者会見を終了いたします。
長時間お付き合いいただき、ありがとうございました。

（編集協力／前田正志）

吉原 毅

1955年東京生まれ。77年慶応大学経済学部卒業後、城南信用金庫に入職。2010年理事長就任。17年から顧問。東日本大震災以降、被災地支援を精力的に行うと同時に原発に頼らない安心できる社会を目指して「脱原発」を宣言。全国組織「原発ゼロ・自然エネルギー推進連盟」を創設、会長に就任。著書に『原発ゼロで日本経済は再生する』(角川oneテーマ21)、『幸せになる金融』(神奈川新聞社)など。日々講演活動に全国を奔走している。

講談社+α新書 801-1 C

世界《せかい》の常識《じょうしき》は日本《にほん》の非常識《ひじょうしき》
自然《しぜん》エネは儲《もう》かる!

吉原《よしわら》 毅《つよし》

2018年11月20日第1刷発行

発行者——渡瀬昌彦
発行所——株式会社 講談社
東京都文京区音羽2-12-21 〒112-8001
電話 編集(03)5395-3522
販売(03)5395-4415
業務(03)5395-3615
デザイン——鈴木成一デザイン室
カバー印刷——共同印刷株式会社
印刷——豊国印刷株式会社
製本——株式会社国宝社
本文データ制作——講談社デジタル製作

定価はカバーに表示してあります。
落丁本・乱丁本は購入書店名を明記のうえ、小社業務あてにお送りください。
送料は小社負担にてお取り替えします。
なお、この本の内容についてのお問い合わせは第一事業局企画部「+α新書」あてにお願いいたします。

ISBN978-4-06-513801-4